KURZE EINFÜHRUNGEN
IN DIE GERMANISTISCHE LINGUISTIK

Band 18

Herausgegeben von
Jörg Meibauer
und
Markus Steinbach

JOHN PETERSON

Sprache
und Migration

Universitätsverlag
WINTER
Heidelberg

Bibliografische Information der Deutschen Nationalbibliothek
Die Deutsche Nationalbibliothek verzeichnet diese Publikation
in der Deutschen Nationalbibliografie;
detaillierte bibliografische Daten sind im Internet
über *http://dnb.d-nb.de* abrufbar.

ISBN 978-3-8253-6454-0

© 2015 Universitätsverlag Winter GmbH Heidelberg
Imprimé en Allemagne · Printed in Germany
Druck: Memminger MedienCentrum, 87700 Memmingen

Gedruckt auf umweltfreundlichem, chlorfrei gebleichtem
und alterungsbeständigem Papier

Den Verlag erreichen Sie im Internet unter:
www.winter-verlag.de

www.kegli-online.de

Vorwort

Um kaum ein anderes Thema ranken sich so viele Mythen wie um die Mehrsprachigkeit, d.h. um das Beherrschen zweier oder mehrer Sprachen. Da aber das Thema Sprache und Migration – und damit auch Mehrsprachigkeit – inzwischen eine zentrale Rolle in der Diskussion um die Integration hier lebender Menschen mit Migrationshintergrund spielt, ist eine ernsthafte Auseinandersetzung mit ihm zwingend notwendig geworden: Unser Verständnis der Mehrsprachigkeit bildet die Basis für alle bildungspolitischen Entscheidungen zu diesem Thema, Entscheidungen die oft weitreichende Folgen haben.

Der vorliegende Band beschäftigt sich mit diesem Thema aus sprachwissenschaftlicher Sicht und richtet sich speziell an Studierende philologischer und sprachwissenschaftlicher Fächer ab dem dritten Fachsemester, die über Grundkenntnisse der Bereiche Phonologie, Morphologie, Syntax und Orthographie verfügen. Mit Ausnahme des Internationalen Phonetischen Alphabets (IPA), das aus Platzgründen hier vorausgesetzt werden muss, werden zwar alle in diesem Buch verwendeten wissenschaftlichen Begriffe kurz erläutert, diese Erläuterungen dienen jedoch eher dazu, Studierende an bereits bekannte aber möglicherweise nicht mehr präsente Begriffe wie Phonem, Morphem, Graphem usw. zu erinnern und eignen sich weniger als Einführung in diese Gebiete. Aus diesem Grund dürfte sich der vorliegende Band für Interessierte ohne sprachwissenschaftliche Vorkenntnisse als etwas zu schwierig für das Selbststudium erweisen. Allerdings zeigt die Erfahrung, dass auch diese LeserInnen bei entsprechender fachlicher Betreuung durchaus in der Lage sind, die Tragweite der hier behandelten Themen nachzuvollziehen und von dieser Diskussion zu profitieren.

Durch das kompakte Format dieser Reihe war es leider nicht möglich, alle Themenbereiche, die mit Sprache und Migration zusammenhängen, gleichermaßen ausführlich zu behandeln, so dass eine Auswahl getroffen werden musste. Da der Schwerpunkt dieses Bandes auf „praktischen" Bereichen wie dem Schriftspracherwerb liegt, die vor allem in der Schule behandelt werden, können Themen wie der gleichzeitige Erwerb zweier oder mehrerer (Erst-)Sprachen oder die vorschulische Sprachförderung hier leider nur sehr am Rande besprochen werden. Dieses Buch bietet allerdings ein solides Fundament für die Auseinandersetzung mit solchen Themen und Studierende, die diesen Band durchgearbeitet haben, sollten nachher in der Lage sein, sich auch selbstständig in diese und weitere Bereiche einzuarbeiten.

An dieser Stelle möchte ich mich auch bei den vielen Leuten bedanken, ohne deren Hilfe dieser Band nicht zustande gekommen wäre. Es sind im Laufe der Zeit so viele Menschen gewesen, die mir in der einen oder anderen Weise geholfen haben, dass ich mich leider nicht bei allen namentlich bedanken kann, wofür ich mich schon im Voraus entschuldige. Zu dieser Gruppe gehören u.a. meine Studierenden an den Universitäten Kiel und Osnabrück, die mir über die Jahre bei vielen Vorlesungen und Seminaren zum Themenbereich Sprache und Migration durch ihre Fragen und konstruktive Kritik wichtige Anregungen und Impulse gegeben haben. Gleiches gilt auch für die vielen Schülerinnen und Schüler, mit denen ich an den Berufsbildenden Schulen der Stadt Osnabrück sowie im Verein zur Pädagogischen Arbeit mit Kindern aus Zuwandererfamilien (VPAK) e.V. in Osnabrück arbeiten durfte und von denen ich so viel gelernt habe. Auch der Leitung beider Einrichtungen, insbesondere Deike Weckenbrock vom Projekt „SiebenPlus" am VPAK, danke ich ganz herzlich.

Weiterhin danke ich Valeria Biller und Xenia Dulghir für deren Erlaubnis, einige ihrer Codeswitching-Beispiele in diesem Buch zu verwenden, Yunus Demircan für das Codeswitching-Beispiel auf dem Titelblatt, Anja Boneß für ihre Erlaubnis, mehrere Tabellen aus ihrer Dissertation in Kapitel 5 dieses Bandes abzubilden, Jana Behrens, die das komplette Manuskript mehrfach genauestens unter die Lupe genommen hat und dabei nicht wenige problematische Stellen entdeckt und gleich auch die entsprechende Verbesserung vorgeschlagen hat, Markus Steinbach für seine Hilfe bei der Fertigstellung des Manuskripts, und Bernd Lange für ein paar nützliche Vorschläge zum Schluss.

Schließlich bedanke ich mich besonders herzlich bei Utz Maas und Christa Röber: Auch wenn beide sicherlich mit manchen Aussagen in diesem Band nicht ganz einverstanden sein dürften, so haben sie mehr als alle Anderen dazu beigetragen, dass dieser Band überhaupt entstanden ist, und ihre Gedanken finden sich in der einen oder anderen Form auf fast jeder Seite des Buches. Durch Utz Maas bin ich überhaupt mit dem Thema Sprache und Migration in Berührung gekommen und er war es, der mir zeigte, wieviel SprachwissenschaftlerInnen − trotz (oder vielleicht gerade wegen) ihres scheinbar unwichtigen Wissens über „exotische" Sprachen − zum Thema Sprache und Migration beitragen können. Ohne unsere vielen Gespräche wäre ich nie auf die Idee gekommen, dass das Thema

Sprache und Migration nicht nur wichtig ist, sondern auch für SprachwissenschaftlerInnen sehr spannend sein kann. Christa Röber hat mir dagegen gezeigt, dass es nicht nur wünschenswert ist, dass SprachwissenschaftlerInnen und PädagogInnen zusammenarbeiten, sondern dass eine solche Zusammenarbeit durchaus möglich ist und zu sehr spannenden Ergebnissen führen kann. Sie hat mich in meiner Arbeit sowohl in der Schule als auch beim VPAK vom Anfang an begleitet und mir unzählige Ideen und hilfreiche Tipps zur besseren Realisierung meiner Ziele gegeben.

Beiden danke ich schließlich auch für ihre offenen und detaillierten Kommentare zu zwei früheren Versionen dieses Textes, von denen dieser Band sehr profitiert hat, auch wenn ich selbstverständlich für etwaige Mängel allein verantwortlich bin.

John M. Peterson
Kiel, im Oktober 2014

Zu den einzelnen Kapiteln finden Sie **weiterführende Literaturhinweise** und **Übungsaufgaben** auf der KEGLI-Website www.kegli-online.de.

Abkürzungsverzeichnis für Codeswitching-Beispiele

ADESS   Adessiv (ein lokaler Kasus im Finnischen,
              bedeutet etwa „bei")
GEN   Genitiv
KOP   Kopula
M   Maskulin
N   Neutrum
NOM   Nominativ
PL   Plural
PRÄS   Präsens
PRÄT   Präteritum
SG   Singular

Kennzeichnung der Beispiele:

<Text>   graphische (geschriebene) Ebene
[tʰɛkstʰ]   phonetische Ebene
/tɛkst/   phonologische Ebene

Wo die Ebene aus dem Kontext eindeutig ist, werden die besprochenen Formen durch Kursivschrift lediglich als objektsprachlich markiert, z.B. *Text*.

Inhaltsverzeichnis

1. Einleitung

> Es scheint selbstverständlich, jedes pädagogische Problem in
> Bezug auf die jeweilige Art der zu überwindenden Unwissenheit
> zu betrachten. (Labov, 1972: 3, eigene Übersetzung)
> Das heute vielfach verbreitete Klagen über ein unzureichendes
> Wissen der SchülerInnen, der Studierenden, der LehrerInnen
> bleibt solange ineffektiv, bis endlich damit begonnen wird, allen
> am Bildungsprozess beteiligten Gruppen das Wissen anzubieten,
> das anzubieten ist. (Röber, 2013a: 287)

1.1 Mehrsprachigkeit: Der „gesunde Menschenverstand" und die Wissenschaft

Um kaum ein anderes Thema ranken sich so viele Mythen wie um
die Mehrsprachigkeit, d.h. um das Beherrschen zweier oder mehrerer Sprachen. Da aber das Thema Sprache und Migration – und damit auch Mehrsprachigkeit – inzwischen eine zentrale Rolle in der
Diskussion um die Integration hier lebender Menschen mit Migrationshintergrund spielt, ist eine ernsthafte Auseinandersetzung mit
ihm zwingend notwendig geworden: Unser Verständnis der Mehrsprachigkeit bildet die Basis für alle bildungspolitischen Entscheidungen zu diesem Thema, Entscheidungen die oft weitreichende
Folgen haben.

Der vorliegende Band beschäftigt sich speziell mit Mehrsprachigkeit in Deutschland, wo das Hochdeutsche nicht nur die dominante Sprache, sondern gleichzeitig auch Kultur- und Bildungssprache ist. Da jedoch schätzungsweise etwas mehr als die Hälfte aller
Menschen weltweit mehrsprachig aufwächst, ist Mehrsprachigkeit
global gesehen nicht die Ausnahme, sondern der Regelfall, und dem
entsprechend wird das Thema Mehrsprachigkeit seit Jahrzehnten
weltweit intensiv erforscht. In dieser Studie werden wir uns daher
auch mit den Erkenntnissen dieser umfangreichen internationalen
Forschung befassen, denn vieles lässt sich direkt auf die Situation in
Deutschland übertragen. Unser Schwerpunkt liegt dabei vor allem
auf Schlussfolgerungen für den praktischen Umgang mit Mehrsprachigkeit an Schulen.

Manche bzw. mancher mag sich an dieser Stelle fragen, ob
Schulkenntnisse der Grammatik, gekoppelt mit dem „gesunden
Menschenverstand", für dieses Thema nicht ausreichen, denn man
hat schließlich jahrelang Deutschunterricht in der Schule gehabt
und mindestens eine wenn nicht sogar mehrere Fremdsprachen ge-

lernt. Im Alltag beteiligen sich die meisten Menschen wie selbstverständlich an Diskussionen darüber, ob z.b. jemand sein Kind ein- oder zweisprachig erziehen sollte oder ob man beispielsweise Kindern mit Migrationshintergrund verbieten sollte, sich in der Schulpause in ihrer Familiensprache zu unterhalten, damit sie besser Deutsch lernen. Das Problem dabei ist, dass „Sprache und Migration" ein viel zu komplexer Themenbereich ist, als dass man solche Entscheidungen auf rein intuitiver Basis treffen sollte, denn selbst gut gemeinte Vorschläge, die ohne das nötige Fachwissen umgesetzt werden, können unter Umständen sehr negative Folgen haben.

Hier können uns die Methoden der Sprachwissenschaft weiterhelfen, denn als Wissenschaft mit einer starken empirischen Orientierung, also mit einem Schwerpunkt auf der Erhebung und Analyse von Daten, gehört es zum Selbstverständnis der Sprachwissenschaft, dass man Daten erhebt und analysiert, um eine Hypothese zu formulieren, mit deren Hilfe man die Daten zu erklären versucht. Die Richtigkeit dieser Hypothese muss dann überprüft werden, indem man neue Daten erhebt, die wiederum analysiert werden, um diese erste Hypothese notfalls zu modifizieren. Danach beginnt der Prozess von neuem. In so einem Modell ist es klar, dass es keinen Platz für „Selbstverständlichkeiten" gibt, die nicht genauer überprüft werden. Und in der Tat stellt sich nicht selten heraus, dass gerade lieb gewonnene Selbstverständlichkeiten einer wissenschaftlichen Untersuchung nicht standhalten und deshalb verworfen werden müssen. In den folgenden Abschnitten schauen wir uns einige dieser heute noch recht weit verbreiteten Selbstverständlichkeiten an und zeigen, warum sie einer genaueren Überprüfung nicht standhalten, sondern ins Reich der Mythen gehören.

1.2 Mythos 1: Doppelte Halbsprachigkeit

Ein weit verbreiteter Mythos ist, dass die Verwendung von zwei Sprachen in einem Satz, das sogenannte **Codeswitching,** mit dem wir uns in Kapitel 4 genauer beschäftigen werden, unbedingt vermieden werden soll, denn es sei angeblich ein Zeichen dafür, dass die betroffene Person „doppelt halbsprachig" sei und weder im Deutschen noch in der anderen Sprache zuhause sei. Andere sprechen hier von *Semilingualität*, doch handelt es sich dabei im Grunde genommen um das Gleiche, da die Bezeichnung „Semilingualität" nichts anderes als „Halbsprachigkeit" bedeutet; vgl. *semi-* „halb-" und *lingual* „-sprachig".

2

Der Grundgedanke hinter diesen beiden Begriffen ist, dass Menschen, die codeswitchen, beide Sprachen angeblich nur „halb können", weshalb sie nur mit Hilfe von zwei „halben" Sprachen in der Lage sind, einen Satz zu bilden. Diese Annahme basiert allerdings nicht auf der Analyse von Daten, sondern gilt als „selbstverständlich", denn schließlich kommen in einem einzigen Satz Wörter aus zwei Sprachen vor. Das Problem dabei ist, dass der „gesunde Menschenverstand" nicht ausreicht, wenn es darum geht, komplexe Sachverhalte zu verstehen, denn der gesunde Menschenverstand soll uns ja nur durch die einfachen Probleme des Alltags führen. Je komplexer ein Sachverhalt aber ist, umso wichtiger ist es, dass wir uns mit möglichst vielen seiner Facetten auseinandersetzen, um ihn besser zu verstehen. Dies gilt auch für die vermeintliche „doppelte Halbsprachigkeit". Aus sprachwissenschaftlicher Sicht ist die These, dass ein Mensch „doppelt halbsprachig" sein könnte, nicht haltbar – welche „Hälfte" sollte aus welcher Sprache kommen? Wie sollen diese vermeintlichen Hälften zusammenpassen? Und wie sollte eine „halbe Sprache" überhaupt aussehen? Wie wir in Kapitel 4 sehen werden, gibt es vielmehr starke Beweise dafür, dass Menschen, die codeswitchen, tatsächlich in beiden Sprachen zuhause sind, sie sind also gewissermaßen „doppelt VOLLsprachig".

Die Sicht auf Sprache und ihren Platz im Gehirn, die hinter der „doppelten Halbsprachigkeit" steckt, wird oft als die „Behälter-Sicht" bezeichnet, nach der der Platz in unserem Gehirn begrenzt sein soll. So soll nach dieser Auffassung von Sprache und Gehirn der Erwerb einer zweiten Sprache nur dann gelingen, wenn die erste Sprache auf irgendeine Art „gelöscht" wird, da kein Platz für eine zweite Sprache vorhanden sei.

An diesem Modell stimmt aber absolut nichts. Erstens kann man eine Sprache nicht „löschen", man kann sie höchstens mit der Zeit (also nach sehr vielen Jahren oder sogar Jahrzehnten) vergessen, weil man sie nicht mehr verwendet. Dies hat aber nichts mit dem Erlernen einer weiteren Sprache zu tun, da das allmähliche Vergessen der ersten Sprache erst nach dem Erwerb dieser zweiten Sprache einsetzt. Und außerdem: Warum sollte sprachliches Wissen – aber keine anderen Wissensformen – so viel Platz im Gehirn beanspruchen, dass nur eine einzige hineinpasst? Wenn man also das „Platzargument" wirklich ernst nimmt, müsste man den Kindern auch den Englisch-, Biologie- und den Mathematikunterricht (u.a.) verbieten, damit sie genug Platz im Gehirn für das Deutsche haben.

Wenn man also diese Problematik zu Ende durchdenkt, wird einem klar, dass die zugrunde liegenden Annahmen falsch sind. Wahr ist, dass oft geswitcht wird, weil der Sprecherin bzw. dem Sprecher ein Wort nicht schnell genug einfällt. Hier liegt die Vermutung nahe, dass er oder sie doch doppelt halbsprachig ist, sonst wüsste er oder sie das Wort. Allerdings passiert das auch Einsprachigen: Jeder Mensch hat irgendwann ein Wort kurz vergessen („Ach, wie hieß das noch ʻmal?ʼʼ). Der Unterschied zwischen einund zweisprachigen Menschen ist ganz einfach der, dass ein zweisprachiger Mensch Zugang zu zwei Sprachen hat. Wenn ihm also das Wort in der Sprache, die er gerade verwendet, nicht schnell genug einfällt, kann er es in der anderen Sprache ohne Informationsverlust oder zeitliche Verzögerung sagen, wenn sein Gesprächspartner auch diese andere Sprache spricht. Wenn sich also zwei Menschen auf Türkisch unterhalten und einem ein bestimmtes Wort nicht schnell genug einfällt, kann er es auf Deutsch sagen, wenn es ihm dort schneller einfällt, aber nur wenn er sicher ist, dass sein Gesprächspartner neben Türkisch auch Deutsch kann.

Oft handelt es sich aber bei diesen „geswitchten" Begriffen nicht um ein kurzfristig vergessenes Wort, sondern vielmehr um einen Ortsnamen, ein Amt, ein Seminar o.ä., für das die Bezeichnung eher den Charakter eines Namens hat wie z.b. „Osnabrück", „Bahnhof", „Katasteramt", „Uni" oder ein Seminar mit dem Namen „Sprache und Migration", so dass man diese Bezeichnung auf Deutsch belässt, auch wenn man ansonsten Türkisch spricht. Mit Halbsprachigkeit hat das aber nichts zu tun.

Es ist wahr, dass zweisprachige Kinder viele Wörter, die sie in einer Sprache kennen, in der anderen Sprache noch nicht kennen. Das hat einen einfachen Grund: Einige Sachen kennen sie nur von zuhause, z.B. das Zähneputzen, da sie ihre Zähne für gewöhnlich zuhause vor der Schule putzen. Daher ist es eher zu erwarten, dass sie Wörter wie *Zahnbürste* oder *Zahnpasta* zunächst nur in der Familiensprache kennen, denn diese Wörter brauchen sie in der Schule nicht. Ähnliches gilt für Haushaltswaren wie Töpfe, Werkzeug usw. Umgekehrt ist es mit Fachwörtern: Wenn der Mathematikunterricht auf Deutsch stattfindet, werden sie vermutlich die entsprechenden Vokabeln nicht in der Familiensprache kennen.

Dieses Phänomen kennt man übrigens auch bei älteren Sprachlernern, die z.B. Englisch in der Schule gelernt haben und problemlos einen Kaffee in New York oder London bestellen können und sich auf Englisch über das Wetter oder die Weltpolitik unterhalten können, die aber nicht wissen, wie bereits erlernte mathematische

Begriffe auf Englisch heißen, denn diesen Wortschatz hat man ihnen in der Schule nicht beigebracht. Auch Bezeichnungen für Haushaltswaren, Werkzeuge, Lebensmittel usw. kommen nur selten im Schulunterricht vor, so dass auch diese Wörter vermutlich nur auf Deutsch bekannt sind. Deshalb dürften wohl nur die wenigsten EnglischlernerInnen – egal in welchem Alter – wissen, wie *Schneebesen* oder *Schraubenzieher* auf Englisch heißen. Solche Lücken bei Sprachen, die man im Schulunterricht gelernt hat, bleiben meist bestehen, wenn man nicht ins Ausland zieht und diese Wörter dann wirklich braucht. Zieht man jedoch ins Ausland und braucht man sie dann doch, lernt man sie selbstverständlich. Genauso ist es auch bei zweisprachigen Kindern, die in Deutschland leben: Früher oder später brauchen sie die meisten Wörter in beiden Sprachen. D.h., auch hier schließen sich diese Lücken in ihrem Wortschatz nach und nach (vgl. z.B. Cobo-Lewis et al., 2002a). Wie François Grosjean es schon 1989 formulierte, sind Zweisprachige eben nicht einfach „zwei Einsprachige in einer Person", weshalb wir nicht erwarten können, dass sie ALLE Wörter in BEIDEN Sprachen kennen müssen: Wenn zweisprachige Kinder und Jugendliche mit bestimmten Konzepten in Berührung kommen, lernen sie selbstverständlich auch die entsprechenden Bezeichnungen.

Eine letzte Frage sollte sich hier jeder bzw. jede stellen, wenn er oder sie sich mit der vermeintlichen „doppelten Halbsprachigkeit" ernsthaft auseinandersetzen will: Wenn man davon ausgeht, dass Menschen, die codeswitchen, wirklich doppelt halbsprachig sind, z.B. mit Türkisch und Deutsch, wieso versteht man sie, wenn sie mit einem sprechen, obwohl man selber kein Türkisch kann? Auch hier ist die Antwort selbstverständlich: Wenn man z.B. Türkisch nicht versteht, einen Sprecher des Türkischen allerdings doch versteht, wenn er mit einem spricht, dann folgt zwangsläufig daraus, dass er sich sehr wohl auch ausschließlich auf Deutsch ausdrücken kann – und nicht nur „halb".

Die Gründe dafür, dass zweisprachige Menschen Wörter aus zwei Sprachen in einem Satz verwenden, sind sehr vielfältig und ein Wechsel von einer Sprache in eine andere (und vielleicht auch zurück) erfüllt meist eine bestimmte Funktion im Gespräch. In Kapitel 4 befassen wir uns damit etwas ausführlicher. Es ist aber wichtig bereits hier festzuhalten, dass Zweisprachige nur dann codeswitchen, wenn sie wissen, dass ihr Gegenüber auch beide betroffene Sprachen spricht. Schließlich hat es keinen Sinn, mit jemandem z.B. zwischen Deutsch und Russisch oder Deutsch und Türkisch zu codeswitchen, wenn dieser nur Deutsch versteht. Wer aber gut codeswitchen kann, kann auch beide Sprachen alleine für sich sprechen – wenn er will.

1.3 Mythos 2: Sprachen ohne Grammatik

Ein weiterer Mythos lautet, dass es Sprachen ohne Grammatik gibt, was man oft gerade von den Zweisprachigen selbst hört. Auch hier gilt, dass es so etwas gar nicht geben kann, denn wir würden uns in keiner Sprache der Welt verständigen können, wenn wir Wörter nur „irgendwie" verwenden würden. Wir müssen wissen, welche Form sie haben, in welcher Reihenfolge sie erscheinen usw., sonst sprechen wir diese Sprache nicht wirklich. Warum behaupten also oft gerade diese Leute, die es eigentlich besser wissen sollten, dass ihre Erstsprache – z.b. Russisch oder Türkisch – keine Grammatik hat?

Die Antwort ist so einfach wie einleuchtend, denn oft haben Leute, deren Familiensprache nicht das Deutsche ist und die hier groß geworden sind, noch nie Grammatikunterricht in dieser Sprache bekommen, so dass sie das Gefühl haben, dass man etwas auf Russisch oder Türkisch „einfach so" sagt, „weil es besser klingt". Das ist an und für sich auch nicht verwunderlich, denn erst durch den formalen Unterricht werden grammatische Strukturen bewusst. Wer noch keinen Grammatikunterricht erhalten hat, kann eine Sprache trotzdem sehr gut sprechen, genauso wie einsprachige Kinder zum Schulbeginn, die zwar Deutsch sprechen, aber nichts über die Komplexität des deutschen Satzbaus wissen. Sie sprechen die Sprache (ihrem Alter entsprechend) einwandfrei, wissen aber nicht, warum sie so sprechen, denn linguistisches Wissen ist meist etwas Unbewusstes, was sich einem erst durch eine längere Auseinandersetzung mit ihm erschließt.

Tatsächlich haben Russisch und Türkisch – sowie alle anderen Sprachen der Welt – durchaus komplexe grammatische Strukturen, was bereits ein flüchtiger Blick in die Formen- oder Satzlehre in einer grammatischen Beschreibung dieser Sprachen bestätigen kann.

1.4 Mythos 3: Jeder hat eine Muttersprache

Selbst alltägliche Begriffe wie *Muttersprache* müssen hinterfragt werden, wenn man sich wissenschaftlich mit Sprache und Migration auseinandersetzt, denn auch wenn dieser Begriff recht eindeutig und harmlos klingt, ist es beinahe unmöglich, ihn eindeutig zu definieren.

Meist denken wir beim Wort *Muttersprache* an Leute, die als Kinder nur eine Sprache gelernt und gesprochen haben (z.B. Deutsch) und die dann in der Schule vielleicht mit einer zweiten Sprache wie Englisch oder Französisch begonnen haben. Dass sie diese Fremdsprache auch nach diesem Unterricht nicht so gut wie das Deutsche sprechen, ist klar, denn Deutsch ist ihre „Muttersprache" und Englisch und Französisch sind „Fremdsprachen". Was ist aber mit den Menschen, die schon in frühester Kindheit zwei Sprachen gelernt haben, wie z.B. wenn zuhause Türkisch gesprochen wird, mit den Nachbarn aber Deutsch? Man kann *Muttersprache* als die Sprache definieren, die vom Kind zuerst gelernt wurde, dies ist aber nicht unbedingt die Sprache, die man am besten beherrscht. Wenn beispielsweise jemand zuhause Türkisch, in der Schule aber Deutsch spricht: Wie wir oben in Abschnitt 1.2 festgestellt haben, wird diese Person in so einer Situation vermutlich über einige Themen besser auf Türkisch, über andere aber besser auf Deutsch sprechen können. Welche der beiden Sprachen sie „besser" spricht, hängt also davon ab, worüber sie gerade spricht.

Es ist in der Sprachwissenschaft daher üblich, nicht von der *Muttersprache* sondern von der **Erst-** und **Zweitsprache** zu sprechen (oft **L1** genannt für die erste Sprache und **L2** für die zweite („L" für engl. *language*)), allerdings nur wenn gewährleistet ist, dass eine Sprache wirklich vor der anderen gelernt wurde. Denn es ist nicht immer möglich zu bestimmen, ob eine Sprache tatsächlich vor einer anderen gelernt wurde; sehr oft beginnt ein Kind in solchen Situationen recht früh mit der zweiten Sprache, auch während es die erste noch lernt. Alternativ zur *Erstsprache* kann man dann von der **Familiensprache** sprechen, wenn die Mitglieder einer Familie unter sich eine Sprache sprechen, die sich von der dominanten Sprache in der Gesellschaft unterscheidet, die außerhalb des Hauses sowie in den Medien, in der Schule und bei Ämtern verwendet wird.

Der Terminus *Muttersprache* birgt aber auch andere Gefahren: Er wird z.B. umgangssprachlich auch mit anderen Bedeutungen verwendet. In den 1990er Jahren sind z.B. viele Aus- und Spätaussiedler nach Deutschland gekommen. „Aussiedler" sind deutsche Staatsangehörige, die östlich der heutigen deutschen Grenzen geboren sind und die bis 1992 nach Deutschland eingewandert sind. Menschen, auf die dies zutrifft, die aber nach dem 1. Januar 1993 nach Deutschland eingewandert sind, werden als „Spätaussiedler" bezeichnet. Bei diesen Menschen wurde oft festgestellt, dass die deutschstämmigen Kinder angeblich ihre eigene „Muttersprache" nicht konnten, da sie nur Russisch konnten. Hier wurde *Mutter-*

sprache also nicht als die am besten beherrschte oder zuerst gelernte Sprache verstanden, denn die Kinder konnten ja Russisch. Vielmehr wurde der Terminus *Muttersprache* hier verwendet, weil diese Menschen zur deutschen Volksgruppe zählen, auch wenn viele dieser Kinder nie mit dem Deutschen in Berührung gekommen waren. Für eine wissenschaftliche Diskussion von Mehrsprachigkeit ist aber eine solche Definition nicht hilfreich.

Dieses Verständnis von „Muttersprache" ist auch unter Menschen mit Migrationshintergrund sehr weit verbreitet. So berichtet Brizić (2013: 234) Folgendes über eine kurdisch stämmige Frau aus der Osttürkei, die in Österreich lebt: Obwohl sie nur türkischsprachig groß geworden war, betrachtete sie Kurdisch wegen ihrer Abstammung als ihre „eigene" Sprache, weshalb sie dann bewusst mit dem Erwerb des Kurdischen begonnen hatte. Auch für sie war also ihre „eigene" Sprache etwas, was sie bis zu diesem Zeitpunkt nie gelernt hatte.

Interessant sind in dieser Hinsicht auch die Meinungen anderer in Bezug auf Mehrsprachigkeit, als diese Frau Mutter wurde, denn sie zeigen sehr eindrucksvoll, wohin solche „selbstverständlichen" Ansichten führen. Brizić (2013: 235) berichtet, dass viele Menschen in ihrer Umgebung Angst hatten, dass ihr Kind „durcheinander geraten" würde, worauf die Mutter dann mehr Deutsch mit dem Kind sprach. Allerdings meinte dazu ihr Kinderarzt, dass das Kind besser in der „Muttersprache" des Kindes – gemeint war Türkisch (!) – erzogen werden sollte, worauf sie dann wieder mehr Türkisch mit dem Kind sprach.

Als Außenstehende müssen wir uns hier fragen, worauf diese gut gemeinten Ratschläge basierten, und wie ein Kind, das noch nicht sprechen konnte, bereits eine türkische Muttersprache haben sollte, wie es der Kinderarzt meinte, obwohl es in Österreich geboren war und seine Mutter Kurdisch als ihre „eigene" Sprache betrachtete. Eins ist aber klar: Für eine ernsthafte Diskussion solcher Themen sind eindeutige, überprüfbare Definitionen nötig, da sonst die Gefahr besteht, dass verschiedene ForscherInnen denselben Terminus unterschiedlich verwenden.

Schließlich sollten wir gerade mit Blick auf diesen letzten Fall festhalten, dass eine Definition der „Muttersprache" als „Sprache der Mutter" nicht nur wenig hilfreich wäre (warum sollte die Sprache der Mutter wichtiger als die des Vaters sein?), dieser letzte Fall macht auch deutlich, dass „die Sprache der Mutter" uns wieder vor die Frage stellt, was wir damit meinen, z.B. wenn die Mutter mehrere Sprachen spricht: Meinen wir die Sprache, die sie als „ihre eigene" betrachtet? Die Sprache, die sie (zumindest in einigen Situationen) besser kann? Die Sprache, die sie zuerst gelernt hat? Aus Gründen wie diesen verzichten wir in diesem Buch ganz auf diesen Terminus und verwenden entweder „Erstsprache" oder „Familiensprache" je nachdem, welcher Terminus zutreffender erscheint.

1.5 Mythos 4: Die sollten ihre Sprache einfach aufgeben!

Es wird oft angenommen, dass Einwanderer ihre Familiensprachen aufgeben sollten, damit sie sich ganz auf das Deutsche konzentrieren können. Die Idee, die dahinter steckt, ist verführerisch einfach und geht davon aus, dass man sich besser auf eine Sprache konzentrieren kann, als wenn man versucht, beide Sprachen zu erhalten und zu pflegen. Allerdings gehört auch diese Vorstellung ins Reich der Mythen: Zunächst haben wir bereits in Abschnitt 1.1 gesehen, dass schätzungsweise mehr als die Hälfte der Menschheit mehrsprachig aufwächst, so dass Mehrsprachigkeit weltweit keine Seltenheit, sondern den Normalfall darstellt. Alleine aus diesem Grund stellt sich hier die Frage, warum man von Einwanderern erwarten sollte, dass sie ihre Familiensprachen aufgeben, die einen so wichtigen Teil ihrer Identität darstellen. Aber selbst wenn sie theoretisch dazu bereit wären, wäre dies dennoch unmöglich, denn man kann eine Sprache auf diese Art nicht einfach „aufgeben". Zwar behaupten einige, sie hätten ihre ursprüngliche Familiensprache verlernt, aber auch hier sollte man solche Behauptungen sehr genau überprüfen, bevor man sie als Fakt akzeptiert und Schlüsse daraus zieht.

Tatsächlich kann man eine Sprache bis zu einem gewissen Grad vergessen, das ist aber kein bewusster Prozess – man kann etwas nicht bewusst und auf Befehl vergessen, sei es die deutsche Sprache oder den eigenen Namen. Man kann eine Sprache auch nicht von heute auf morgen vergessen. Man vergisst stattdessen zunächst einzelne Wörter, wenn man diese Sprache selten benutzt, auch wenn es die Sprache ist, die man zuerst gelernt hat und einst am besten sprach. Das ist an und für sich zu erwarten, denn alle Informationen, die man nicht zumindest ab und zu abruft, laufen Gefahr, in Vergessenheit zu geraten. Eine ganze Sprache zu vergessen, ist aber etwas ganz Anderes und es ist fragwürdig, ob es überhaupt in dieser Extremform möglich ist, wenn keine pathologischen Gründe vorliegen und wenn der Sprecher schon erwachsen ist.

Schmid (2011: 3) definiert diese Art von Sprachverlust, die sogenannte **Attrition**, als (totales oder partielles) Vergessen einer Sprache durch eine gesunde Person. Ihre Beispiele zeigen allerdings, dass nicht oder zumindest nur sehr selten die gesamte Sprache verlorengeht, sondern vielmehr die Fähigkeit, sich in ihr fließend zu unterhalten. Attrition ist also ein langer Prozess, und noch ist nicht ganz klar, wie wichtig die einzelnen Faktoren sind, die hier eine Rolle spielen. Einige werden von Schmid (2011) in ihrer Studie erwähnt, wie z.b.:

- das Alter beim Auswandern;
- die Zeit, die man in einem anderen Land gelebt hat;
- ob man eine Sprache regelmäßig verwendet, denn wer eine Sprache nicht verwendet, vergisst sie womöglich auch leichter (auch bekannt als *Use it or lose it!* „Verwende sie (= die Sprache) oder vergiss sie!"");
- sehr wichtig dabei ist auch die Einstellung zum Ursprungsland. So argumentiert Schmid (z.B. 2011: 105), dass Menschen, die relativ spät während der Nazi-Herrschaft unter traumatischen Umständen Deutschland verlassen hatten und sich nicht mehr mit Deutschland identifizierten, Jahrzehnte später nur mit großer Mühe Deutsch sprechen konnten, während diejenigen, die früher und unter weniger traumatischen Umständen Deutschland verlassen hatten – und deswegen noch positive Erinnerungen an Deutschland hatten – auch Jahrzehnte später in der Lage waren, sich auf Deutsch zu unterhalten.

Auch wenn die gegenseitigen Beziehungen zwischen diesen einzelnen Faktoren noch nicht vollständig verstanden werden, ist es klar, dass es nicht möglich ist, von jemandem zu erwarten, er könne seine Erstsprache „aufgeben" oder „löschen", um sich besser auf das Deutsche zu konzentrieren. So einfach der Gedanke erscheinen mag: Er ist weder durchführbar noch wünschenswert.

Bekämpfen sollte man die Mehrsprachigkeit aber auf keinen Fall, denn zu viel Druck auszuüben, kann kontraproduktiv sein. So berichtet Brizić (2013: 235-238) von einem kurdisch stämmigen Jungen, der in Österreich türkischsprachig aufwächst und kein Kurdisch spricht, obwohl dies die einzige Sprache ist, die seine Mutter beherrscht. Der Junge bemüht sich auch noch, sich möglichst vollständig auf das Deutsche zu konzentrieren und befindet sich deshalb „in stetigem „Gipfelsturm" begriffen […], weg von Kurdisch, weg von Türkisch, hin zu Deutsch" (Brizić, 2013: 238). Wir bekommen hier also das Bild eines „Strebers", der unter einem solchen Druck stand, dass er zur Zeit der Veröffentlichung von Brizićs Studie kurz vor einer Sonderschulzuweisung stand. Offenbar erzeugt also zu viel Druck, auch bei einem so hochmotivierten Jungen wie diesem, nicht höhere Chancen auf den schulischen Erfolg sondern ganz im Gegenteil niedrigere Chancen.

1.6 Interdisziplinarität in der Migrationsforschung

Die Migrationsforschung ist ein interdisziplinärer Bereich, der sich mit allen Aspekten der Migration wie den Lebensbedingungen von Migranten und deren Nachkommen, sozialen Ungleichheiten, aber auch mit Sprache und Bildung beschäftigt. Auch der Bereich „Sprache und Migration" ist kein alleinstehendes Fach mit einer einheitlichen Methodik. Vielmehr setzt sie sich aus ForscherInnen aus verschiedenen Fächern zusammen, die sich mit diesem Thema aus unterschiedlichen Perspektiven beschäftigen:

- Zunächst handelt es sich bei Sprache und Migration um ein sprachwissenschaftliches Phänomen, an dem im Prinzip alle sprachwissenschaftlichen Fächer beteiligt sein können. Da es sich hier aber vorrangig um die sprachlichen Verhältnisse in Deutschland handelt, wo Deutsch nicht nur die Sprache des Alltags und des beruflichen Aufstiegs ist, sondern auch Bildungs- und Kultursprache, spielt selbstverständlich die GERMANISTIK eine zentrale Rolle in dieser Diskussion.
- Andere Philologien sind auch in unterschiedlichem Maße am Bereich „Sprache und Migration" beteiligt. So kommen viele Migranten aus der ehemaligen Sowjetunion oder Polen und sprechen u.a. Russisch oder Polnisch. Dies sind einige der Sprachen, die in der SLAWISTIK unterrichtet und erforscht werden, weshalb SlawistInnen sich oft mit diesem Themenbereich beschäftigen.
- Ähnliches gilt auch für das TÜRKISCHE, was häufig in einem eigenständigen Fach (Turkologie) oder aber innerhalb der Islamwissenschaft bzw. Orientalistik unterrichtet wird.
- Auch die ROMANISTIK spielt eine wichtige Rolle in dieser Diskussion; in den 1960er Jahren sind viele Menschen u.a. aus Italien, Spanien und Portugal nach Deutschland als sogenannte „Gastarbeiter" gekommen, und die Zahl der Einwanderer aus diesen Ländern nimmt heute wieder zu. Diese Länder sind aber inzwischen selbst längst das Ziel vieler Einwanderer aus anderen Gegenden geworden, sodass „Sprache und Migration" auch innerhalb der Romanistik ein wichtiges Thema ist.
- Auch die ALLGEMEINE SPRACHWISSENSCHAFT ist an dieser Forschung beteiligt, da „Sprache und Migration" ein Teilbereich der Kontaktlinguistik ist, die sich mit Sprachkontakt im

11

Allgemeinen beschäftigt. Zur Kontaktlinguistik gehören Themen wie das oben bereits erwähnte Codeswitching aber auch Zweitspracherwerb und die damit zusammenhängende Interferenz, bei der es zu einer gegenseitigen Beeinflussung zweier Sprachen kommt, so dass Formen entstehen, die weder eindeutig zur einen noch zur anderen Sprache gehören.

Wenn nicht nur einzelne Individuen, sondern größere Gruppen von Menschen zweisprachig sind und im Alltag beide Sprachen verwenden, kann es auch passieren, dass sich die Sprachen im Laufe der Zeit immer ähnlicher werden. Solche geographischen Gebiete, in denen das passiert, werden Sprachbünde genannt. Diese sind auf der ganzen Welt attestiert, u.a. am Balkan, in Südasien, Mittelamerika, Arnhemland in Nordaustralien und für manche ForscherInnen sogar fast ganz Mittel- und Westeuropa.

Eine wichtige Rolle spielt auch die PÄDAGOGIK in dieser Diskussion, denn es ist hauptsächlich die Schule bzw. der schulische (Miss-)Erfolg, der darüber entscheidet, ob Menschen mit Migrationshintergrund die Chance bekommen, sich in die deutsche Gesellschaft erfolgreich zu integrieren. Gefragt sind hier neben fachlichen Kenntnissen vor allem gute sprachliche Kenntnisse, und hier vor allem gute Kenntnisse der deutschen Schriftsprache, ohne die ein beruflicher Anschluss in unserer Gesellschaft nur schwer erreichbar ist. Ein wichtiges Ziel der Migrationsforschung ist also die erfolgreiche Vermittlung schriftsprachlicher Kenntnisse, die auch die besonderen Bedürfnisse von SchülerInnen mit Migrationshintergrund berücksichtigt.

Schließlich ist Sprache ein sozial verortetes Phänomen, d.h. keine Äußerung findet in einem gesellschaftlichen Vakuum statt, sondern ist immer Teil einer bestimmten Gesprächssituation, in der unterschiedliche Menschen interagieren. Damit spielt auch die SOZIOLOGIE eine Schlüsselrolle beim Thema Sprache und Migration: Unabhängig davon, ob alle Gesprächsteilnehmer aus Deutschland stammen und sich selbst als deutsch verstehen oder nicht: Faktoren wie ihr Alter, ihr Geschlecht, ihre gefühlte Gruppenzugehörigkeit sowie ihre Beziehung zu den anderen Gesprächsteilnehmern werden den Verlauf des Gesprächs stark beeinflussen. Handelt es sich z.B. um zwei Jungs im gleichen Alter, die auf dem Schulhof ihren Nachmittag planen, wird das Gespräch sicherlich anders verlaufen, als wenn es sich um eine junge Frau handelt, die beim Amt einen Antrag stellt – auch wenn es sich in beiden Fällen um die deutsche Sprache handelt. Wie wir in den folgenden Kapiteln wiederholt sehen werden, spielen gerade solche Faktoren auf dem Gebiet „Sprache und Migration" eine sehr wichtige Rolle.

1.7 Zusammenfassung

In diesem Kapitel haben wir einige „Selbstverständlichkeiten" in Bezug auf Mehrsprachigkeit, z.b. die vermeintliche „doppelte Halbsprachigkeit", etwas genauer unter die Lupe genommen und gezeigt, dass diese eher ins Reich der Mythen als in die Kanons der Wissenschaft gehören. Damit wollten wir vor allem klar machen, warum man sich beim Thema „Sprache und Migration" – wie in allen anderen wissenschaftlichen Bereichen auch – nicht auf den „gesunden Menschenverstand" verlassen darf, sondern alle Begrifflichkeiten klar definieren und sich auf die Erhebung und Analyse von Daten stützen muss, wenn man sich ernsthaft mit diesem Thema beschäftigt. Wir haben auch gesehen, dass „Sprache und Migration" kein selbständiges Fach, sondern vielmehr die Schnittstelle mehrerer Fächer ist, die sich mit dieser Thematik beschäftigen.

Grundbegriffe: Attrition, Aussiedler, Codeswitching, Erstsprache (L1), Familiensprache, Spätaussiedler, Zweitsprache (L2)

2. Allgemeine Grundlagen

Bevor wir uns mit dem Themenbereich Sprache und Migration genauer befassen können, müssen wir uns zunächst mit einigen allgemeinen theoretischen Grundlagen auseinandersetzen, die das Thema dieses Kapitels sind. Hier müssen wir zunächst präzisieren, wer überhaupt als „mehrsprachig" gilt, denn zwischen keinen Kenntnissen und fehlerfreier Beherrschung einer weiteren Sprache gibt es sehr viele Abstufungen. Es folgt dann eine Diskussion über die sehr komplexen Beziehungen zwischen Sprache, Nationalstaat und Ethnizität. Zum Schluss befassen wir uns mit einigen grundlegenden Begriffen aus den Bereichen „Deutsch als Fremdsprache" (DaF) und „Deutsch als Zweitsprache" (DaZ).

2.1 Ab wann ist man „mehrsprachig"?

Auch wenn es etwas überraschend sein mag, ist es relativ schwierig zu bestimmen, ob jemand „wirklich" mehrsprachig ist, denn dieser Terminus kann auf vielfache Weise verstanden werden.

Die meisten Menschen denken bei dem Wort „mehrsprachig" an Leute, die zwei oder mehr Sprachen perfekt sprechen, also ohne Akzent und ohne grammatische Fehler, und die gleichermaßen gut über alle Themen sprechen können. Diese Art von Mehrsprachigkeit bezeichnet Maas (2008: 53) als virtuose Mehrsprachigkeit. Das Problem dabei ist, dass kaum ein Mensch in diesem Sinne mehrsprachig ist, denn es ist relativ selten, dass jemand über wirklich alle Themen in mehreren Sprachen gleichermaßen gut sprechen kann, es sei denn, man ist als Dolmetscher oder Übersetzer ausgebildet worden. Auer (2009: 94) formuliert dies wie folgt: „Es findet [...] eine grobe funktionale Differenzierung der Verwendungsbereiche der Sprachen statt. Damit sind nun indirekt auch situationsspezifische sprachliche Kompetenzverteilungen verbunden. Es ist meist nicht nötig und deshalb auch nicht sinnvoll, alle sprachlichen Aufgaben, die das soziale Leben stellt, in beiden Sprachen bewältigen zu können."

Es ist auch sehr schwierig, eine zweite Sprache völlig ohne Akzent zu sprechen, gerade wenn man diese Sprache erst als Erwachsener gelernt hat, auch wenn man die Sprache ansonsten sehr gut spricht. Selbst viele, die zwei Sprachen im Kindesalter gelernt haben, haben einen „fremden" Akzent in einer der beiden Sprachen, obwohl sie beide Sprachen seit frühester Kindheit im Alltag verwenden. Die meisten Mehrsprachigen sind deshalb das, was Maas (2008: 52) arbeitsteilig mehrsprachig nennt, d.h. sie sind bei einigen Themenbereichen eher in einer Sprache „zuhause", während sie in anderen Bereichen wie z.B. Schule oder Arbeit eher eine andere Sprache verwenden.

Aber selbst wenn man sich auf die arbeitsteilige Mehrsprachigkeit konzentriert, bleibt immer noch die Frage, wie gut man beide (oder mehrere) Sprachen sprechen muss, um als „mehrsprachig" zu gelten. Auch darauf gibt es keine eindeutige Antwort. Für einige ForscherInnen reicht es aus, wenn jemand auch nur einige wenige Wörter in einer zweiten Sprache kennt, um als zweisprachig zu gelten. Für die meisten ForscherInnen ist es aber wichtig, dass die betroffene Person sich zumindest relativ gut in einer zweiten Sprache über eine ganze Reihe von Themen unterhalten kann, bevor sie als zweisprachig gilt. Mit „relativ gut" meinen wir nur, dass andere Sprecher diese Person ohne Schwierigkeiten verstehen können und dass diese Person dem Gespräch folgen kann. Mit anderen Worten: Es geht um die Fähigkeit, sich in mindestens zwei Sprachen verständlich auszudrücken und Äußerungen in beiden Sprachen ohne größere Schwierigkeiten zu verstehen. Auch diese Definition ist relativ breit gefasst, sie reicht aber für unsere Zwecke. Andere ForscherInnen definieren den Terminus aber teilweise sehr unterschiedlich, je nachdem ob sie z.b. genauere Kenntnisse der Schriftsprache untersuchen wollen (z.b. im Vergleich zu einsprachigen Schülern) oder ob sie sich z.b. dafür interessieren, ob mehrsprachige SchülerInnen sich mit ihren SchulkameradInnen gut verständigen können. Da es sich hier um sehr unterschiedliche Ziele handelt, die unterschiedliche Fähigkeiten voraussetzen, ist zu erwarten, dass solche Studien sehr unterschiedliche Grade an „Mehrsprachigkeit" in unterschiedlichen sprachlichen Bereichen verlangen können. Wie so oft in der Sprachwissenschaft spricht nichts dagegen, dass unterschiedliche ForscherInnen diesen Terminus unterschiedlich verwenden, solange sie klar definieren, wie der Terminus in ihrer Studie verwendet wird. Das heißt, es gibt keine objektiv richtige Definition von *Mehrsprachigkeit*, so dass man immer klar angeben muss, wie man selbst den Terminus verwendet und bei der Lektüre einer Studie immer darauf achten muss, wie der Autor bzw. die Autorin der Studie den Terminus verwendet.

2.2 Sprache und Nationalstaat

In den Abschnitten 1.2-1.5 haben wir verschiedene Volksmythen über Mehrsprachigkeit angesprochen. Ein weiterer, fast allgemein akzeptierter Mythos ist, dass es der Normalfall sei, dass Staaten **monolingual**, d.h. einsprachig sind bzw. sein sollten. So geht man davon aus, dass man Französisch in Frankreich, Englisch in England (oder besser: Großbritannien) und Chinesisch in China spricht. Für viele ist das auch ein Beweggrund, von Einwanderern zu verlangen, dass sie nicht nur Deutsch lernen, sondern es auch immer und überall zu sprechen, wenn sie in Deutschland leben.

Allerdings gilt auch hier: So einfach ist das nicht. Zwar ist es nicht verkehrt, wenn man behauptet, dass man Deutsch in Deutschland und Französisch in Frankreich spricht, dennoch sind dies nicht die einzigen Sprachen, die in diesen Ländern gesprochen werden, sondern lediglich die Amtssprachen und auch die jeweiligen Mehrheitssprachen. Es gibt nämlich eine ganze Reihe von anderen Sprachen in Frankreich, die schon seit Jahrhunderten dort gesprochen werden, darunter Bretonisch an der Nordwestküste, das mit dem Walisischen eng verwandt ist, oder Baskisch im Südwesten, das mit keiner anderen Sprache verwandt ist (ein sogenanntes Sprachisolat). Es handelt sich bei diesen beiden Sprachen um autochthone Sprachen, also einheimische Sprachen oder zumindest Sprachen, die seit längerem in Frankreich gesprochen werden und deswegen als einheimisch angesehen werden. Dies ist im Gegensatz zu den allochthonen Sprachen, die in den letzten Jahrhunderten durch Einwanderung nach Frankreich gekommen sind, wie z.B. Arabisch. Es ist allerdings schwierig, eine genaue Grenze zwischen diesen beiden Sprachtypen zu ziehen, denn auch die Bretonen sind wohl im 6. Jh. nach Frankreich eingewandert. Damit handelt es sich hier letzten Endes um eine relativ subjektive Definition. Zwar kann man eine zeitliche Grenze festlegen – z.B. 500 Jahre – sodass alle Sprachen, die in den letzten 500 Jahren eingewandert sind, allochthone Sprachen sind und alle anderen autochthone, aber selbst diese Festlegung ist subjektiv – z.B. warum nicht 300, 900 oder 1500 Jahre?

Auch Deutschland ist nicht einsprachig – weder heute noch zu irgendeinem historisch belegten Zeitpunkt. So gibt es heute noch mehrere autochthone Sprachen in Deutschland: An der Westküste Schleswig-Holsteins werden heute noch mehrere NORDFRIESISCHE Sprachen gesprochen. Hinzu kommt das SATERLÄNDISCHE, das im westlichen Niedersachsen gesprochen wird und zur friesischen Gruppe gehört. Diese Sprachen sind historisch gesehen eher mit dem Englischen als mit dem Deutschen verwandt. Im Norden Schleswig-Holsteins wird auch seit Jahrhunderten Dänisch gesprochen, sowohl die Amtssprache (REICHSDÄNISCH) wie auch der dänische Dialekt SÜDJÜTISCH, genauso wie Deutsch übrigens auf der dänischen Seite der deutsch-dänischen Grenze gesprochen wird. Auch in Brandenburg und Sachsen gibt es autochthone Sprachen, nämlich das SORBISCHE, das wiederum in zwei Sprachen aufgeteilt wird, Nieder- und Obersorbisch. Diese sind westslawische Sprachen und damit eng mit dem Polnischen und Tschechischen verwandt. Hinzu kommen auch die Sinti und Roma, wobei die Sinti eine Untergruppierung der Roma sind. Die traditionellen Sprachen dieser Volksgruppen werden kollektiv als ROMANI oder ROMANES bezeichnet und stammen ursprünglich aus Südasien (dem heutigen Indien und Pakistan). Die einzelnen Romani-Sprachen sind zwar sehr eng miteinander verwandt, sie sind aber auch von den Sprachen, mit denen sie im Laufe ihrer Geschichte in engerem Kontakt standen, stark geprägt worden. Auch wenn diese Gruppen ursprünglich aus Südasien stammen, sind sie seit vielen Jahrhunderten in Deutschland ansässig, weshalb sie hier als autochthone Gruppe betrachtet werden. Schließlich gibt es noch die Deutsche Gebärdensprache (DGS), die eine eigene Sprache mit eigener Grammatik ist, die sich grundlegend von der des Hochdeutschen unterscheidet.

Diese Sprachen werden seit jeher in Deutschland verwendet, ohne dass es deswegen zu größeren sprachlichen Problemen gekommen wäre: Im Dorf reichte bis in die Moderne die angestammte Sprache; Es können in ein und demselben Dorf aber auch mehrere Sprachen nebeneinander verwendet werden wie z.b. heute noch in einigen Orten in Nordfriesland, wo Nordfriesisch und Plattdeutsch (und zunehmend auch Hochdeutsch) seit Jahrhunderten koexistieren. Außerhalb des eigenen Dorfes und beim Amt war dann eine Amtssprache notwendig. Wer also mit Ämtern zu tun hatte oder z.b. wegen Handels regelmäßig außerhalb des Dorfes unterwegs war, musste entweder die Amtssprache beherrschen oder die allgemeine Verkehrssprache der Gegend, auch lingua franca genannt. Im norddeutschen Raum war dies traditionell das Niederdeutsche, wobei heute meist das Hochdeutsche diese Funktion übernommen hat. Anderswo in Deutschland haben sich Dialekte teilweise länger gegen das Hochdeutsche behaupten können (und tun dies heute noch in vielen Gegenden, vor allem im süddeutschen Raum), doch finden wir im Prinzip immer wieder das gleiche Bild – Menschen sprechen zuhause und mit ihren Nachbarn ihre angestammte Sprache, eventuell auch einen weiteren lokalen Dialekt, und die Amtssprache beim Amt, in der Schule und bei formellen Anlässen.

Hierdurch wird klar, dass Deutschland – wie die meisten Länder der Welt – schon immer mehrsprachig war. Die Einsprachigkeit, die wir heute als selbstverständlich wahrnehmen, ist an sich eher eine moderne Entwicklung: Dadurch, dass die Menschen heute Zugang zu Schulen, Fernsehen, Radio, Zeitungen usw. haben, entscheiden sich viele Eltern, ihre Kinder auf Hochdeutsch zu erziehen, da sie glauben, ihnen so bessere Chancen fürs Leben zu geben. Inwiefern dies sinnvoll ist, muss jeder bzw. jede für sich entscheiden. Wenn man aber bedenkt, dass heute noch gut die Hälfte der Menschheit mehrsprachig aufwächst – von denen auch sehr viele eine ausgezeichnete Bildung erhalten – wird klar, dass Einsprachigkeit keine Voraussetzung für gute Chancen im Leben ist, solange alle Zugang zur Amtssprache bekommen, ein Thema, mit dem wir uns in den kommenden Kapiteln ausführlicher beschäftigen werden.

Zu dieser langsam verschwindenden autochthonen Sprachenvielfalt in Deutschland kommen die vielen allochthonen Sprachen, allen voran Türkisch, das in größerem Stil seit gut 50 Jahren in deutschen Großstädten gesprochen wird, aber auch Russisch, Polnisch, Kurdisch, Italienisch, Griechisch u.v.m. Im Zuge der heutigen Wirtschaftskrise, die die südlichen Länder der EU am härtesten trifft, dürfte die Zahl der Sprecher dieser Sprachen wieder ansteigen.

Vor diesem Hintergrund historischer sprachlicher Vielfalt in Deutschland wird klar, dass diese Vielfalt keineswegs eine Bedrohung für das Deutsche ist: Die autochthonen Sprachen koexistieren seit Jahrhunderten mit den verschiedenen deutschen Dialekten und dem Hochdeutschen, und auch 50 Jahre nach Ankunft der ersten Gastarbeiter ist die Bedeutung des Deutschen als Bildungs-, Kultur- und Amtssprache sowie als Mehrheitssprache nach wie vor unangefochten. Ob diese Gruppen weiterhin zuhause ihre angestammten Sprachen sprechen und an die nächste Generation weitergeben, bleibt abzuwarten. Wie bei anderen Volksgruppen in Deutschland, die traditionell eine andere Sprache sprechen, muss es für Menschen mit Migrationshintergrund aber keineswegs ein Nachteil sein, wenn sie ihre angestammte Sprache an ihre Kinder weitergeben, solange es unserer Gesellschaft – und vor allem unseren Schulen – gelingt, dafür zu sorgen, dass diese den Zugang zum Deutschen vor allem in seiner schriftlichen Form bekommen. Wenn dies gelingt, spielt die Sprache, die zuhause gesprochen wird, nur eine sehr untergeordnete Rolle und stellt keinen besonderen Nachteil dar.

2.3 Was heißt hier „deutsch"? Sprache, Ethnie und Nationalität

Wir haben bereits im letzten Abschnitt gesehen, dass die Gleichung „ein Land = eine Sprache" auch für Deutschland nicht zutreffend ist, da wir hier neben den vielen eingewanderten Sprachen auch mehrere autochthone Minderheitssprachen bis heute vorfinden. Ähnliches gilt auch für Ethnie (oder Volksgruppe) und Sprache. So gibt es in Deutschland heute viele sogenannte „Russlanddeutsche". Diese Menschen bzw. deren Eltern kommen zwar aus Russland und anderen Teilen der ehemaligen Sowjetunion, betrachten sich selbst aber als Deutsche und werden vom Staat als solche anerkannt, d.h. sie besitzen die deutsche Staatsangehörigkeit. Wie man aber sehr bald merkte, als die erste große Einwanderungswelle in den 1990er Jahren nach Deutschland kam, bedeutete das keineswegs, dass diese Menschen alle zuhause Deutsch sprachen, und viele derjenigen, die doch zuhause Deutsch sprachen, haben nicht Hochdeutsch, sondern einen deutschen Dialekt gesprochen, der auch viele Entlehnungen aus dem Russischen enthielt. So mussten viele dieser Aus- und Spätaussiedler zunächst Hochdeutsch lernen, damit sie sich hier in Deutschland beruflich und privat integrieren konnten.

Auch bei anderen Menschen mit Migrationshintergrund gibt es nicht immer eine Eins-zu-eins-Entsprechung zwischen Ethnie, Nationalität und Sprache. So sind viele Menschen mit Migrationshintergrund zwar hier geboren und aufgewachsen, betrachten sich aber aus unterschiedlichen Gründen nicht als Deutsche und besitzen nicht die deutsche Staatsangehörigkeit. Dies bedeutet aber nicht automatisch, dass sie z.b. fließend Türkisch sprechen, weil sie Türken sind; das hängt von sehr vielen verschiedenen Faktoren ab (Schulbildung, welche Sprache zuhause gesprochen wird, Einstellung zu Deutschland und zum Ursprungsland der Familie usw.). Es ist auch möglich, dass diese Menschen bzw. ihre Eltern und Großeltern im Ursprungsland eine Minderheitssprache gesprochen haben, z.B. Kurdisch in der Türkei. Das heißt, dass die Staatsangehörigkeit nicht automatisch etwas über die Erstsprache oder Ethnie eines Menschen aussagt: So kann man sehr wohl einen türkischen Pass besitzen und sich als Kurde fühlen, zuhause aber Deutsch sprechen. In der Literatur zu Mehrsprachigkeit findet man in diesem Zusammenhang oft auch den Terminus *heritage language*, auf Deutsch etwa „geerbte" oder „angestammte Sprache". Dieser Terminus bezieht sich traditionell auf eine Familiensprache, die nicht die dominante Sprache der Gesellschaft ist, seit den 1990er Jahren wird er jedoch auch zunehmend verwendet, um eine Sprache zu bezeichnen, zu der ein Mensch zwar eine kulturelle Beziehung hat, die er aber selbst nicht beherrscht, wie z.B. wenn man die angestammte Sprache der eigenen ethnischen Gruppe nicht aktiv spricht (vgl. z.B. Wikipedia unter dem Stichwort „Heritage language").

Aus diesen Gründen ist es zwar möglich, mit einiger Sicherheit zu sagen, wie viele Menschen in Deutschland die deutsche Staatsangehörigkeit besitzen bzw. nicht besitzen, über ihre Familiensprache können wir aber nichts Definitives sagen. Es gibt zwar Einzelstudien, die versuchen, dies für bestimmte Regionen oder Städte zu ermitteln, dies lässt sich aber nicht direkt auf andere Gebiete übertragen, da z.B. tendenziell mehr Menschen mit Migrationshintergrund in den großen Ballungszentren wohnen als in ländlichen Gebieten aber auch, weil die Konzentration von einer Stadt zur nächsten und von einer Region zur nächsten stark schwanken kann.

2.4 Deutsch als Zweitsprache, Deutsch als Fremdsprache

Eine Unterscheidung wird meist zwischen „**Deutsch als Fremdsprache**" (**DaF**) und „**Deutsch als Zweitsprache**" (**DaZ**) gemacht. Wie so oft ist der Unterschied zwischen diesen beiden Begriffen nicht absolut, sondern eher gradueller Natur, dennoch spielt diese Unterscheidung eine prominente Rolle in unserer Diskussion.

DaF wird verwendet, wenn Deutsch als Fremdsprache im Schulunterricht gelernt wird. Diese Art des Spracherwerbs bezeichnet man auch als **gesteuerten Spracherwerb**, da der Erwerb durch den Unterricht gesteuert wird und nicht zufällig verläuft. Bei DaF bleibt Deutsch auch meist „fremd", da man es im Alltag nicht gebraucht. Bei DaF kommen also meist zwei Faktoren zusammen: (1) Eine „fremde" Sprache, die man (2) gesteuert erworben hat. Bei DaZ hingegen geht es um die Verwendung des Deutschen als zweite Sprache im Alltag, neben der Familiensprache. Hier wird das Deutsche oft auf informelle Weise, also ohne Sprachunterricht, gelernt, weshalb es meist **ungesteuert** verläuft. Auch beim DaZ kommen also meist zwei Faktoren zusammen, nämlich (1) die Verwendung des Deutschen als zweite Sprache im Alltag, die (2) meist ungesteuert erworben wurde.

Die meisten LeserInnen dieses Buches werden vermutlich in der Schule Englisch und vielleicht noch eine oder zwei weitere Fremdsprachen im Unterricht, also gesteuert, gelernt haben, wobei Vokabeln besprochen und Regeln für deren Kombination erklärt wurden. Dagegen lernen viele Menschen mit Migrationshintergrund das Deutsche eher ohne formalen Unterricht, also ungesteuert. Dies trifft vor allem bei Menschen mit Migrationshintergrund zu, die hier in Deutschland geboren sind aber zuhause eine andere Sprache sprechen, denn sie lernen Deutsch oft z.B. im Kindergarten und auf dem Spielplatz. Es trifft aber auch oft zu, wenn jemand als Erwachsener nach Deutschland eingewandert ist und hier arbeitet, auch wenn er vielleicht einen Deutsch-Intensivkurs gemacht hat. Ein solcher erwachsener Einwanderer muss meist arbeiten und Geld verdienen und hat vielleicht auch noch seine Familie bei sich, so dass ihm auch die Zeit und das Geld fehlen, weitere Deutschkurse zu besuchen. Das meiste Deutsch lernt er demnach zusammen mit seinen KollegInnen bei der Arbeit und seinen anderen Bekannten, also ungesteuert. Aus diesem Grund konzentrieren wir uns in diesem Buch auf Deutsch als Zweitsprache und werden nur wenig über Deutsch als Fremdsprache zu sagen haben.

Es gibt einen weiteren Faktor, der bereits oben angesprochen wurde und der gleichermaßen für DaF und DaZ von Bedeutung ist, nämlich das Alter der Sprachlernenden. Es wird oft angenommen, dass wir ab einem bestimmten Alter eine neue Sprache nicht mehr so gut lernen, wie ein Kind dies macht – vor allem schaffen es Kinder im Gegensatz zu Erwachsenen recht häufig, eine zweite Sprache praktisch akzentfrei zu sprechen. In der Sprachwissenschaft spricht man hier oft von der **Hypothese der kritischen Periode** (engl. *cri-*

tical period hypothesis), wobei das „kritische Alter" um den Beginn der Pubertät liegen soll.

Auch wenn es unbestritten ist, dass Kinder im Allgemeinen eine zweite Sprache besser als Erwachsene lernen, ist es sehr umstritten, ob dies biologisch bedingt ist oder an anderen Faktoren liegt. Ein wichtiger Punkt, der gegen eine rein biologische Erklärung spricht, ist die Lernmotivation, denn für Kinder stellt sich meist nicht die Frage, ob sie die neue Sprache lernen oder wie gut sie sie lernen sollen; sie wollen meist so sprechen wie alle Anderen. Bei einem erwachsenen Lerner ist das anders. Wie wir oben bereits gesehen haben, muss ein erwachsener Einwanderer vermutlich Geld verdienen und hat vielleicht auch eine eigene Familie hier in Deutschland. Auch wenn er am Anfang vermutlich möglichst gut Deutsch lernen wollte, holt ihn bald der Alltag ein und seine hohen Ziele von einst werden gewissermaßen der Realität angepasst; schließlich reicht es ja, wenn man ihn versteht und wenn er andere versteht. Er kann dabei auch auf einem bestimmten Niveau verharren, ohne dass sich seine Deutschkenntnisse verbessern, d.h., er macht noch Fehler und hat einen Akzent, sein allgemeines Sprachniveau entwickelt sich aber nicht weiter. In so einem Fall spricht man von der **Fossilierung** der Kenntnisse der Zweitsprache.

Motivation und andere Faktoren spielen beim Erlernen einer Sprache also auch eine wichtige Rolle, nicht nur das biologische Alter. Aus diesem Grund war es bisher nicht möglich, eindeutig nachzuweisen, ob das allgemein höhere Sprachniveau, das Kinder erreichen, biologisch bedingt ist, oder ob es durch andere Faktoren wie Lernmotivation besser erklärt werden kann. Deshalb gehen viele SprachwissenschaftlerInnen davon aus, dass die „kritische Periode", sofern es diese überhaupt gibt, nur eine von vielen Faktoren ist, die beim Sprachenlernen eine Rolle spielen. Die ForscherInnen weisen auch darauf hin, dass es durchaus Erwachsene gibt, die eine zweite Sprache praktisch akzentfrei lernen aber auch Kinder, die dies nicht schaffen, obwohl sie seit frühester Kindheit beide Sprachen sprechen. Wir nehmen hier also zur Kenntnis, dass Kinder und Jugendliche typischerweise eine neue Sprache besser lernen als Erwachsene, werden uns aber mit der Hypothese der kritischen Periode nicht weiter beschäftigen.

2.5 Zusammenfassung

In diesem Kapitel haben wir uns mit einer Reihe von wichtigen allgemeinen Fragen in Bezug auf Mehrsprachigkeit befasst, allen voran mit der Frage, wie gut man zwei Sprachen beherrschen muss, um als „zwei-" oder „mehrsprachig" zu gelten. Wir haben auch gesehen, dass Deutschland nicht nur jetzt, sondern zu allen Zeiten seiner bekannten Geschichte ein mehrsprachiges Land war, wie fast alle Länder der Welt, was die Beziehungen zwischen Sprache, Ethnie und Nationalität so komplex macht, und das nicht nur im Kontext der Migration. Schließlich haben wir uns mit der Unterscheidung zwischen „Deutsch als Fremdsprache" (DaF) und „Deutsch als Zweitsprache" (DaZ) beschäftigt.

Nachdem wir nun diese allgemeinen Fragen besprochen haben, widmen wir uns im folgenden Kapitel etwas genauer unserer Haupt- bzw. Zielsprache, dem Deutschen, um zu klären, was genau damit gemeint ist.

Grundbegriffe: arbeitsteilige Mehrsprachigkeit, allochthone / autochthone Sprachen, Deutsch als Fremdsprache (DaF), Deutsch als Zweitsprache (DaZ), Fossilierung, gesteuerter Spracherwerb, Hypothese der kritischen Periode, monolingual, ungesteuerter Spracherwerb, virtuose Mehrsprachigkeit

3. „Deutsch" ist nicht gleich „deutsch"

In diesem Kapitel beschäftigen wir uns mit dem Deutschen aus verschiedenen Perspektiven, die bei einer tiefergehenden Diskussion von Sprache und Migration von zentraler Bedeutung sind.

3.1 Sprache als Regelsystem

Wenn in der Gesellschaft vom „Deutschen" die Rede ist, ist meist ein komplexes Regelsystem gemeint, dessen Eigenschaften im Duden festgehalten werden. Dazu gehört das Lexikon, in dem alle Wörter, die zur Standardsprache gehören, mit ihrer festen orthographischen Form aufgelistet werden. Nach diesem Verständnis von Sprache sind Formen entweder „richtig" oder „falsch", da es sich hier um eine normierte Standardsprache handelt, deren Funktion es ist, als einheitliches Verständigungsmedium im ganzen deutschsprachigen Raum zu dienen.

Zu den Einträgen im Lexikon kommen noch grammatische Morpheme, die angeben, wie die einzelnen Lexeme kombiniert werden können und wie sie zu verstehen sind. So sagen uns zum Beispiel die vier Kasus (grammatischen Fälle) u.a., ob etwas das Subjekt ist (im Nominativ), ein direktes Objekt ist (im Akkusativ) oder ein indirektes Objekt (im Dativ) des Satzes ist, oder ob es z.B. den Besitzer eines anderen Gegenstandes bezeichnet (Genitiv). Hinzu kommen verschiedene Markierer am Verb wie Personenmarkierung für das Subjekt (*arbeit-e* / *arbeit-est* / *arbeit-et*), Tempusmarkierung (Zeitformen) (*arbeit-est* vs. *arbeit-et-est*) usw. Diese liefern wichtige Informationen zur richtigen Interpretation des Satzes. Vgl. folgenden Satz:

(1)   Die Lehrerin klaute den Stift des Lehrers.

Zunächst ist hier festzuhalten, dass wir verschiedene Morpheme in (1) haben, die sich auf die (wirkliche oder imaginäre) Welt beziehen wie zum Beispiel *Lehrerin*, *Stift*, *Lehrer* und *klau-*. Es handelt sich hierbei um lexikalische oder Inhaltsmorpheme, d.h. die kleinsten Bedeutungseinheiten (Morpheme), die sich auf Gegenstände, Personen, Tiere oder aber Zustände und Handlungen beziehen. Sehr häufig vertreten sind dabei selbstständige Wörter wie *Stift*, manche Morpheme werden aber durch Derivation von anderen lexikalischen Morphemen gebildet wie z.B. *Lehrer*, was aus dem Stamm *lehr-* und dem Suffix *-er* gebildet wird; Das Suffix *-er* bezeichnet hier jemanden, der das tut, was durch den Stamm *lehr-* ausgedrückt wird. Dies finden wir auch bei *Lehrerin*, hier aber zusätzlich mit dem derivationellen Suffix *-in*, das signalisiert, dass es sich um eine weibliche Person handelt.

Weitere grammatische Morpheme sind das *-te* von *klaute*, das signalisiert, dass die Handlung in der Vergangenheit liegt. Diese Form kann sowohl mit *ich* wie auch mit *er* oder *sie* verwendet werden. Bei der Desambiguierung – also ob *des Lehrers*, *die Lehrerin* oder *den Stift* das Subjekt ist – spielt Kasus eine wichtige Rolle. Im Deutschen wird dieser meist am Artikel markiert: *den* vor *Stift* macht es hier deutlich, dass die Nominalphrase oder „NP" *den Stift des Lehrers* das direkte Objekt von *klaute* ist, da diese NP im Akkusativ steht. *Die Lehrerin* könnte zwar rein formell Subjekt oder Objekt sein, denn die Nominativ- und Akkusativformen des Artikels sind hier gleichlautend, *die*. Es muss sich hier aber um das Subjekt handeln, da wir gerade festgestellt haben, dass *den Stift des Lehrers* das direkte Objekt im Akkusativ ist. Damit ist *die Lehrerin* das Subjekt des Satzes. Schließlich signalisiert *des Lehrers* in der NP *den Stift des Lehrers*, dass der Stift der Besitz des Lehrers ist, da dieser im Genitiv steht.

Diese Sicht von Sprache, die nicht nur in großen Teilen der Gesellschaft, sondern oft auch an Schulen vorherrschend ist, sieht in der Sprache also vor allem ein standardisiertes Regelwerk mit richtigen und falschen Formen, die im Duden festgehalten sind. Die

Grundeinheit in dieser Sicht ist der vollständige – und meist geschriebene – Satz. So stellen sich die meisten Menschen Sprache vor und glauben meist, dass nur diese Art von Sprache akzeptabel ist. Aber bereits dieser kleine Satz macht deutlich, dass Sprache sehr viele verschiedene Formen annehmen kann: So würden die meisten Menschen den Inhalt von (1) spontan anders ausdrücken, etwa wie in (2).

(2)　Die Lehrerin klaute den Stift vom Lehrer.

Ist Satz (2) ein „richtiger" Satz im Deutschen? Ist er vielleicht „weniger richtig" als (1), weil er etwas umgangssprachlicher ist, mit *vom Lehrer* anstatt *des Lehrers* im Genitiv, der im Deutschen immer weniger verwendet wird? Warum klingt Satz (2) „normaler" als Satz (1), dafür aber (1) „besser" als (2)? Und was ist mit Satz (3), der in vielen Teilen Deutschlands die übliche gesprochene Form dieses Satzes wäre. Ist (3) überhaupt „richtiges Deutsch"?

(3)　Die Lehrerin hat dem Lehrer seinen Stift geklaut gehabt.

Aus diesen Beispielen wird klar, dass das Deutsche zwar AUCH ein System von Regeln ist, doch ist es viel mehr als nur das: Es nimmt zum Teil sehr unterschiedliche Formen an, je nachdem, wer sich mit wem wo und worüber unterhält, denn Sprache ist auch etwas Dynamisches, womit wir uns im nächsten Abschnitt beschäftigen.

3.2　Sprache als dynamischer Prozess

In diesem Abschnitt werden die wichtigsten außersprachlichen Faktoren erläutert, die die Form einer Äußerung bzw. eines Satzes beeinflussen. Sie werden dann in den folgenden Abschnitten etwas detaillierter behandelt. Diese Liste ist nicht vollständig, sie macht aber bereits deutlich, wie komplex eine Gesprächssituation ist und wie viele verschiedene Faktoren hierbei eine Rolle spielen können.

Der vielleicht wichtigste außersprachliche Faktor für die sprachliche Form ist der BEKANNTHEITSGRAD der GesprächsteilnehmerInnen: Sind es Bekannte oder vielleicht Verwandte, die sich unterhalten, oder begegnen sie sich zum ersten Mal? Dies ist vor allem deswegen wichtig, weil Menschen, die sich kennen, bereits vieles über das Leben der anderen Person wissen und dies im Gespräch nicht extra erwähnen müssen. So wäre eine Äußerung zwischen eng Verwandten wie *Na, wie sieht es mit der Arbeit aus?* ohne weiteres verständlich, weil die eine Person z.B. weiß, dass die andere nach Arbeit sucht, dass sie gerade Zoff mit dem Chef hat o.ä., während diese Information einem Fremden nicht bekannt ist. Je besser man sich kennt, desto weniger Hintergrundinformation muss während des Gesprächs angegeben werden, während man z.b. beim Amt sämtliche relevante Informationen angeben muss, um das zu erreichen, was man will; der fremde Mensch am Tresen weiß in der Regel nichts über das Privatleben seiner Kunden.

Zu den anderen relevanten Faktoren zählt u.a. das ALTER der beiden Gesprächsteilnehmer – ist eine Person älter als die andere oder sind sie etwa gleichaltrig? Zu einem Kind, das sich verlaufen hat und Hilfe braucht, spricht man ganz anders, als wenn ein Mann oder eine Frau Mitte 20 jemanden im selben Alter nach dem Weg fragt. Auch das GESCHLECHT der am Gespräch beteiligten Personen ist wichtig, denn es gilt als allgemein akzeptiert, dass Männer und Frauen oft anders mit dem anderen Geschlecht reden als unter sich.

Ein weiterer Faktor ist die SOZIALE STELLUNG der GesprächsteilnehmerInnen. Als StudentIn würde man nicht auf die Idee kommen, den Universitätspräsidenten mit „Hey du!" anzusprechen oder eine Professorin mit „Kannste's noch 'mal erklären?" um Hilfe zu bitten. Es handelt sich hier um Personen, die eine bestimmte gesellschaftliche Stellung innehaben, die einen respektvollen Umgang von den Studierenden erwarten, und von denen die Studierenden einen ähnlich respektvollen Umgang erwarten.

Auch das GESPRÄCHSZIEL ist entscheidend für die sprachliche Form. So geht man ganz anders an eine Unterhaltung heran, wenn man etwas will (Hilfe, Geld, Erlaubnis, etwas zu tun usw.), als wenn man glaubt, jemanden zurechtweisen zu müssen, weil er etwas Unerlaubtes oder Unfaires gemacht hat.

Ein weiterer Faktor ist das MEDIUM der Kommunikation, z.B. gesprochen, geschrieben oder getippt. Dies hängt sehr oft mit den oben genannten Kriterien zusammen – offizielle Kommunikationen sind eher schriftlich (z.B. ein Formular für eine Behörde, eine Hausarbeit, usw.) und gesprochene Sprache ist eher typisch für Kommunikation mit Freunden und Familie. Das ist aber nicht immer so: Man kann mit Freunden chatten, oder man muss vielleicht zum Amt gehen, um eine komplexe Angelegenheit persönlich zu klären.

Schließlich spielt die UMGEBUNG eine wichtige Rolle: Es macht einen Unterschied, wenn z.B. ein Student oder eine Studentin bei der Bank in der Innenstadt eine ihm bzw. ihr unbekannte Person im selben Alter, die einen Anzug trägt, nach dem Weg fragt, als wenn er oder sie dies auf dem Lande tut und die angesprochene Person (auch im selben Alter) gerade vom Trecker herabgestiegen ist. Es ist wahrscheinlich, dass dieselben Konventionen, die in der Bank in der Innenstadt erwartet werden (z.B. das Siezen) auf dem Land als hochnäsig empfunden werden, auch wenn sich diese Personen nicht kennen.

3.3 Sprache und Geographie: „Deutsch" und seine Dialekte

Ein weiterer wichtiger Aspekt bei der Variation des Deutschen ist die Geographie. Auch wenn man zunächst nur das Hochdeutsche der unterschiedlichen Regionen Deutschlands berücksichtigt, fällt sofort auf, dass jemand aus Kiel anders als jemand aus Berlin, Köln, Leipzig oder München spricht. Es fällt zuerst auf, dass jede Region eine etwas andere Aussprache hat – so kann das /r/ vielleicht als [ɾ] (alveolarer Flaplaut) realisiert werden oder als der „normale" uvulare Frikativ [ʁ], das /a/ kann weiter vorne [a] oder weiter hinten [ɑ] ausgesprochen werden usw. Bald merkt man aber, dass auch weitere Unterschiede in anderen Bereichen der Grammatik vorhanden sind, die man zwar schnell versteht, die aber nicht zur überregionalen Standardsprache gehören. Diese Unterschiede werden noch ausgeprägter, wenn man das Hochdeutsche in Österreich und der Schweiz auch noch berücksichtigt. Solche Unterschiede stammen meist aus den traditionellen Dialekten der entsprechenden Gegenden. So ist z.B. das Niederdeutsche („Plattdeutsche") so gut wie vollständig aus Kiel verschwunden, es hat aber u.a. in der typischen Kieler Aussprache (wie auch anderswo in Norddeutschland) deutliche Spuren hinterlassen. Die traditionellen Dialekte werden aber in vielen Teilen Deutschlands noch aktiv gesprochen und gehören selbstverständlich auch zur Variation des „Deutschen".

Es ist schwierig, eine klare Grenze zwischen „Dialekt" und „Sprache" zu ziehen: Eine gewisse Ähnlichkeit zwischen Dialekten und ihrer „Hochsprache" wird zwar meist vorausgesetzt (die allerdings eher subjektiv als objektiv nachweisbar ist), andere Faktoren spielen aber auch eine Rolle bei dieser Unterscheidung. Wir sind z.B. eher geneigt, sprachliche Varianten als „Dialekte" einer Sprache anzusehen, wenn sie im selben Land wie die „Hochsprache" gesprochen werden, als wenn sie in unterschiedlichen Ländern als dominante Sprachen gesprochen werden, wo wir sie dann eher als unterschiedliche Sprachen betrachten. Dies hängt aber auch sehr stark davon ab, ob die Sprecher selbst ihre sprachliche Variante als Dialekt oder selbständige Sprache ansehen. Meist ist es im Falle der „deutschen Dialekte" klar, dass es sich hier um Dialekte einer Sprache handelt: Diese werden (meist!) in Deutschland gesprochen und ihre Sprecher betrachten ihre Sprachform als Dialekt. Etwas weniger klar ist es zwar im Fall von Österreich und der Schweiz, aber auch hier spricht man meist von deutschen Dialekten, u.a. weil diese Sprecher ihre eigene Sprachform als deutschen Dialekt betrachten. Somit ist das Deutsche viel weniger einheitlich, als man zunächst denkt, denn nun zählen neben dem (Standard-)Hochdeutschen und seinen regionalen Varianten auch etliche Dialekte wie Bayrisch, Schwäbisch, Sächsisch, Hessisch, Rheinländisch, Niederdeutsch usw. dazu – alle mit unzähligen Subdialekten.

Man könnte sogar so weit gehen, dass man Dialektsprecher, die auch Hochdeutsch beherrschen, als „mehrsprachig" oder zumindest „multilektal" (also: Sprecher verschiedener Dialekte einer Sprache) betrachtet. Dies mag zunächst etwas überraschen, da wir es gewohnt sind, beide Sprachformen als verschiedene Formen derselben Sprache zu betrachten, aber in der Tat haben auch die Dialekte ihre eigene Grammatik und können aus sprachwissenschaftlicher Sicht als eigenständige Sprachformen betrachtet werden. Der Unterschied zu den „echten" Sprachen liegt lediglich darin, dass verschiedene „Sprachen" meist unterschiedlicher sind als „Dialekte", allerdings ist es bisher nicht gelungen, die sprachliche Distanz zwischen zwei Sprachen bzw. Dialekten zu messen, so dass dieses Kriterium sehr intuitiv und damit wenig hilfreich ist.

Vieles von dem, womit wir uns in den kommenden Kapiteln beschäftigen werden, z.B. in Bezug auf Codeswitching in Kapitel 4 gilt auch für multilektale Sprecher. Da wir uns in diesem Buch aber mit Sprache und Migration befassen, werden wir uns nicht weiter mit diesem Thema beschäftigen. Wir nehmen aber zur Kenntnis, dass geographische Variation innerhalb des deutschen Sprachraumes erheblich sein kann und müssen diese Variation u.U. bei unserer Diskussion berücksichtigen, wenn z.B. Menschen mit Migrationshintergrund nicht zuerst die Standardsprache, sondern eine dieser regionalen Varianten lernen.

3.4 Sprache und Gesellschaft: Register und Stil

Wie wir in Abschnitt 3.2 gesehen haben, spielt die Situation, in der etwas gesagt wird, eine entscheidende Rolle bei der Wahl der tatsächlichen sprachlichen Form. Man kann stark vereinfacht sagen, dass es für jeden bestimmten Situationstyp (ST) eine entsprechende angemessene Sprachform (SF) gibt, wie in (4) dargestellt (nach Maas, 2008: 47). Der jeweilige Index (z.B. $_i$ und $_0$) deutet lediglich an, dass es sich um einen bestimmten Wert handelt. So hat „SF$_i$" einen anderen Wert als „SF$_j$" usw.

(4)   **Sprachform**   **Situationstyp**

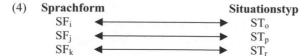

$SF_i \longleftrightarrow ST_o$
$SF_j \longleftrightarrow ST_p$
$SF_k \longleftrightarrow ST_r$

Diese gesellschaftlich sanktionierte Entsprechung zwischen einem Situationstyp und einer bestimmten sprachlichen Form nennt man **Register.** So erwartet man, dass z.b. unter Familienmitgliedern und Freunden geduzt wird, oder dass bestimmte Wörter in formelleren Situationen verwendet werden – man beantragt beim Amt z.b. keine *Knete* oder *Kohle*, sondern *finanzielle Unterstützung.*

Dies ist vom persönlichen Stil zu unterscheiden, dem Grad an individueller Freiheit, der innerhalb eines Registers vorkommen kann. Alle Menschen sprechen etwas anders. Einige Menschen neigen z.b. dazu, abschwächende Wörter wie *wohl* zu verwenden, wenn sie nicht ganz sicher sind, andere bevorzugen dagegen Ausdrücke wie *vielleicht* oder *eventuell,* um dies auszudrücken. Da es sich bei Stil um etwas Individuelles handelt, bei Register dagegen um gesellschaftlich erwartete Normen, beschäftigen wir uns im Folgenden ausschließlich mit Register.

Da es beinahe unendlich viele Situationstypen gibt, gibt es auch beinahe unendlich viele Register und Subregister. So spricht man zwar anders in der Familie und mit Freunden als in formelleren Situationen, man spricht aber auch anders mit den Eltern als mit den eigenen Geschwistern, und mit diesen wiederum anders als mit guten Freunden. Dennoch reicht es für unsere Zwecke, diese große Bandbreite an möglichen (Sub-)Registern in drei große Gruppen einzuteilen, je nachdem ob etwas formell oder informell ist, und wenn es informell ist, ob es öffentlich oder privat ist. Dies sieht so aus wie in (5).

(5)   Die drei Grundregister

formelle Öffentlichkeit: (staatliche) Institutionen …

informelle Öffentlichkeit: Straße, Geschäfte, Markt …

informell und privat – Intimregister: Familie, Freunde

Für einsprachige Menschen in der deutschen Gesellschaft ist es meist der Fall, dass alle drei Register unterschiedliche Formen derselben Sprache sind, sodass die Unterschiede hier eher graduell sind; so kann die Aussprache etwas variieren (*haste* anstatt *hast du*) oder man benutzt bestimmte Wörter in einer Situation aber nicht in einer anderen (wie das Beispiel *Kohle* vs. *finanzielle Unterstützung* oben).

28

Wer aber einen Dialekt neben dem Hochdeutschen spricht, wird diesen vor allem im Intimregister verwenden – vielleicht auch in der informellen Öffentlichkeit, wenn dies in einer bestimmten Region üblich ist (z.B. auf dem Markt in einem ländlichen Gebiet). Dies ist in (6) dargestellt (nach Maas, 2008: 49).

(6)   Hochdeutsch – Dialektkontinuum

formelle Öffentlichkeit: (staatliche) Institutionen ...	Standardsprachliches Hochdeutsch (Basis für die Schriftsprache)
informelle Öffentlichkeit: Straße, Geschäfte, Markt	umgangssprachliches Hochdeutsch (regional gefärbt)
Intimregister: Familie, Freunde ...	DIALEKTE

Nun stellen wir uns jemanden vor, dessen Eltern aus der Türkei stammen und unter sich Türkisch sprechen, der aber in Deutschland zweisprachig aufwächst – zuhause wird Türkisch gesprochen, außerhalb des Hauses spricht er aber Deutsch. Wenn es ihm auch gelingt, die Standardsprache in allen Registern zu beherrschen, sieht dies dann bei ihm so aus wie in (7).

Nun stellen wir uns eine andere Person vor, deren Eltern zwar aus der Türkei stammen, die aber unter sich Kurdisch und nicht Türkisch sprechen, ansonsten ist alles so wie im vorigen Beispiel. Nun sieht es bei dieser in Deutschland geborenen und groß gewordenen Person so aus wie in (8)

(7)   Hochdeutsch / Türkisch in Deutschland

formelle Öffentlichkeit: (staatliche) Institutionen ...	Standardsprachliches Hochdeutsch (Basis für die Schriftsprache)
informelle Öffentlichkeit: Straße, Geschäfte, Markt	umgangssprachliches Hochdeutsch (regional gefärbt) / Türkisch (in türkischen Läden usw.)
Intimregister: Familie, Freunde ...	Türkisch

(8)   Hochdeutsch / Kurdisch in Deutschland

formelle Öffentlichkeit: (staatliche) Institutionen ...	Standardsprachliches Hochdeutsch (Basis für die Schriftsprache)
informelle Öffentlichkeit: Straße, Geschäfte, Markt	umgangssprachliches Hochdeutsch (regional gefärbt) / Kurdisch (bei kurdisch sprachigen Bekannten)
Intimregister: Familie, Freunde ...	Kurdisch

Wir erinnern uns daran, dass Nationalität nicht unbedingt verrät, welche Sprache jemand spricht, was in (8) noch einmal gezeigt wird. Es kann sein, dass die Eltern im Fall (8) nicht nur Kurdisch sondern auch Türkisch können, wenn sie aber nicht Türkisch sondern Kurdisch zuhause sprechen, werden ihre Kinder keine Gelegenheit haben, Türkisch zu lernen – völlig unabhängig davon, ob sie einen türkischen Pass besitzen oder nicht. Ähnliches gilt übrigens für eingewanderte Jugendliche und Kinder, die in ihrer Heimat eine Minderheitssprache sprechen und die jeweilige Amtssprache ihres Ursprungslandes vielleicht noch nicht beherrschen, wenn sie nach Deutschland auswandern.

Über solche Information zu verfügen, ist vor allem dann wichtig, wenn es z.B. darum geht, „muttersprachlichen Unterricht" anzubieten, denn es ist durchaus möglich, dass die vermeintliche „Muttersprache" von den SchülerInnen gar nicht beherrscht wird. Dies bedeutet, dass ein gut gemeintes Programm unter Umständen dazu führen kann, dass einem Kind jede Chance auf schulischen Erfolg genommen wird, anstatt dass ihm geholfen wird, weil es jetzt Unterricht in einer für das Kind fremden Sprache erhält. Wir beschäftigen uns mit diesem Thema etwas näher in Kapitel 6.

Dass unterschiedliche Register mitunter mit unterschiedlichen Sprachen verbunden sind, ist keineswegs eine Seltenheit. Vgl. z.B. das Registersystem eines Berbersprachigen in Marokko in (9) (nach Maas, 2008: 52).

(9) Register und Sprache in Marokko (eine von vielen Möglichkeiten)

	formelle Öffentlichkeit: (staatliche) Institutionen ...	Hocharabisch / Französisch	**Schriftsprache**
	informelle Öffentlichkeit: Straße, Geschäfte, Markt	Marokkanisches Arabisch (Darija)	
	Intimregister: Familie, Freunde ...	Berber ...	

Obwohl in Marokko „Arabisch" gesprochen wird (zu den Anführungszeichen, s.u.), sind die Verhältnisse vor Ort recht komplex. Zunächst werden neben dem Arabischen mehrere Berbersprachen von einem Großteil der Bevölkerung gesprochen, sodass viele Menschen zuhause Berber sprechen aber außerhalb des Hauses „Arabisch". Arabisch ist aber keine einheitliche Sprache. Zunächst gibt es das Hoch- oder Standardarabische, so wie es z.B. in Deutschland an der Universität unterrichtet wird. Es handelt sich hierbei um eine standardisierte Form, die in der gesamten arabischen Welt gelehrt wird. Jedoch wird diese Form nur äußerst selten als Muttersprache gesprochen; vielmehr werden die sogenannten „Dialekte" gesprochen. Diese Dialekte haben sich aber so weit auseinander entwickelt, dass sie oft nicht gegenseitig verständlich sind. Das heißt, um das Hocharabische zu verstehen, muss man es aktiv als Fremdsprache lernen. Somit gilt das Gleiche hier in Bezug auf „Arabisch" wie oben in Bezug auf den „muttersprachlichen Unterricht" für das kurdischsprachige Kind, das auf Türkisch unterrichtet wird: Sollte man hier „muttersprachlichen Unterricht" im Hocharabischen anbieten, um dem Kind zu helfen, würde man genau das Gegenteil erreichen und dem Kind im Prinzip jede Chance auf den schulischen Erfolg nehmen, denn Hocharabisch würde es nicht verstehen, auch wenn es das umgangssprachliche Arabische versteht.

Dieses Registersystem spielt beim Thema Sprache und Migration auch in Deutschland eine sehr wichtige Rolle, denn gerade im Intimregister entwickeln viele Migrantenkinder, die hier aufwachsen, in etwa gleiche Fähigkeiten in beiden Sprachen, was aber oft nicht für das formelle Register gilt, wo sie nicht selten Defizite aufweisen. Gerade dieses Register ist aber in unserer Gesellschaft wichtig, denn es stellt die Basis für die Schriftsprache dar, was von zentraler Bedeutung für den schulischen und beruflichen Erfolg ist. Warum ist das aber so, wenn sie beide andere Register oft so gut wie Einsprachige beherrschen?

In Familien, in denen etwas Anderes als Deutsch zuhause gesprochen wird, beherrschen die Eltern das Deutsche oft nicht besonders gut. Auch wenn sie Deutsch sprechen können, zumindest gut genug für den Alltag, kann es durchaus sein, dass sie keinen formellen Unterricht erhalten haben und deswegen Deutsch nicht oder nur eingeschränkt lesen können. Das hat viele Folgen, die direkt oder indirekt beim Schriftspracherwerb eine Rolle spielen. Wer z.B. Deutsch nicht gut lesen kann, wird vermutlich keine deutschen Gutenachtgeschichten vorlesen. Damit entgeht dem Kind eine Gelegenheit, schon vor der Einschulung einen ersten – wenn auch indirekten – Kontakt mit der deutschen Schriftsprache zu bekommen, denn das Vorlesen unterstützt die Kinder beim Orthographieerwerb: Wenn wir etwas vorlesen, verwenden wir meist automatisch sogenannte Explizitlautungen oder die „maximale Aussprache", bei denen alle möglichen Laute der einzelnen Wörter deutlich ausgesprochen werden. Um ein Beispiel zu nennen: Wir haben im Deutschen viele Wörter, die meist nicht mit einen [h] gesprochen werden, die aber in der Schrift ein <h> haben, z.B. <gehen>, was meist [geːn] oder [ˈgeː.ən] ausgesprochen wird (das sogenannte „silbeninitiale <h>"). Es kann aber tatsächlich als [ˈgeː.hən] ausgesprochen werden, was aber im Alltag so gut wie nie vorkommt. Da diese Explizitlautung im Alltag so unüblich ist, wird sie einem Kind im Vorschulalter unter Umständen nicht bekannt sein. Ein Kind, das aber z.b. vom Vorlesen bereits weiß, dass <gehen> als [ˈgeː.hən] ausgesprochen werden kann, wird weniger Probleme haben, die korrekte Schreibung dieses Wortes zu lernen als ein Kind, das es nur als [geːn] oder [ˈgeː.ən] aus der Umgangssprache kennt.

Auch aus dem Bereich der Syntax, also des Satzbaus, kommen selbst in Kinderbüchern Strukturen vor, die wir ansonsten in einem normalen Gespräch kaum verwenden und die wir in Abschnitt 3.6 unten etwas genauer besprechen werden wie z.B. Relativsätze. Durch das Vorlesen bekommt ein Kind solche Strukturen wesentlich häufiger zu hören als ein Kind, dem nicht vorgelesen wird. Auch hier ist also das Kind, dem vorgelesen wird, im Vorteil.

Man darf die Wichtigkeit der Familiensprache aber auch nicht überbewerten: Wie neuere Forschungen zeigen, mit denen wir uns in Kapitel 5 näher beschäftigen werden, spielt die Familiensprache vermutlich eine viel kleinere Rolle beim Schriftspracherwerb, als viele annehmen. Vielmehr scheint der **sozioökonomische Status** (abgekürzt „SES" für engl. *socio-economic status*) wesentlich wichtiger für den schulischen Erfolg zu sein als die Familiensprache.

Wie die PISA-Studien gezeigt haben, spielt in Deutschland die soziale Herkunft von Kindern und Jugendlichen insgesamt eine sehr wichtige Rolle für deren schulischen Erfolg. Dass SchülerInnen mit Migrationshintergrund überproportional schlechter als ihre deutschstämmigen MitschülerInnen abschneiden, scheint nach den Ergebnissen dieser neueren Studien also weniger daran zu liegen, dass sie zuhause eine andere Sprache sprechen als vielmehr daran, dass die meisten Menschen, die in den letzten Jahrzehnten nach Deutschland ausgewandert sind, aus sogenannten „bildungsfernen" Schichten stammen, also aus Schichten, in denen Bildung keine besonders prominente Rolle im familiären Alltag spielt. So wurden z.B. in den 1960er und 1970er Jahren gezielt Menschen aus der Türkei und Südeuropa für Fabriken und andere Arbeiten gesucht, für die eine höhere Ausbildung nicht erforderlich war. Wer aber aus einer Familie stammt, in der Bildung ein hohes Ansehen genießt und in der Bücher selbstverständlich dazu gehören, hat bessere Chancen, in der Schule erfolgreich zu sein und zwar unabhängig davon, welche Sprache in der Familie gesprochen wird. Tatsächlich gehören einige Menschen mit Migrationshintergrund, etwa die Vietnamesen im Osten Deutschlands, zu den erfolgreichsten SchülerInnen überhaupt (vgl. Maas, 2008: 596, Fußnote 35).

3.5 Sprache und Medium: Gesprochene und geschriebene Sprache

Obwohl Forschung zu den Unterschieden zwischen geschriebener und gesprochener Sprache im Deutschen bereits eine sehr lange Tradition hat, hat dieses Gebiet erst in letzten Jahren einen wirklich zentralen Platz in der Erforschung des Deutschen eingenommen. Man muss hier aber zunächst klar zwischen dem medialen Aspekt, also in welchem Medium etwas ausgedrückt wird (gesprochen oder geschrieben), und strukturellen Aspekten, die hier in Anlehnung an Maas (2008) **orat** und **literat** genannt werden, unterscheiden. Dies ist in (10) zusammengefasst.

(10) Mediale und strukturale Aspekte der Kommunikation (Maas, 2008: 329)

medial	*mündlich (oral)*	*schriftlich (skribal)*
strukturell	*orat*	*literat*

In diesem Abschnitt befassen wir uns ausschließlich mit den medialen Aspekten der Kommunikation. Die strukturellen Eigenschaften werden in Abschnitt 3.6 behandelt.

Ein wichtiger Unterschied zwischen mündlicher und schriftlicher Sprache besteht darin, dass die meisten Menschen zuerst die gesprochene Form der Kommunikation lernen und erst später mit der geschriebenen Sprache beginnen, typischerweise in der Schule. Wir haben auch meist das Gefühl, die gesprochene Sprache ohne Mühe gelernt zu haben, während wir uns beim Erwerb der schriftlichen Form der Sprache bewusst damit auseinandersetzen mussten.

Es gibt aber auch andere wichtige Unterschiede zwischen den beiden Kommunikationsformen. So planen wir unsere Äußerungen, während wir bereits sprechen, es sei denn, dass wir etwas vorlesen. Auch das Kurzzeitgedächtnis spielt eine wichtige Rolle beim Sprechen, denn komplexe Strukturen müssen gebildet bzw. verarbeitet werden, während der Sprecher noch spricht, und belasten damit stark das Kurzzeitgedächtnis sowohl von Sprecher und Zuhörer, anders als beim Lesen, wo wir jederzeit anhalten können und den Satz neu lesen können. Man kann sich dies folgendermaßen vorstellen: Beim Sprechen ist die Informationsaufnahme der ZuhörerInnen strikt linear, d.h. sie hören nur das, was genau zu einem bestimmten Zeitpunkt geäußert wird – alles davor ist schon vergangen und bestenfalls im Kurzzeitgedächtnis gespeichert, und sie haben bloß eine (möglicherweise falsche) Erwartung an das, was noch kommt. Vgl. (11), von Maas (2008: 336). Das weiße Kästchen in (11) bezieht sich auf einen bestimmten Zeitpunkt auf der Zeitachse („t").

(11) Strikte Linearität des Sprechens

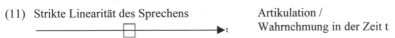

Artikulation /
Wahrnehmung in der Zeit t

33

Dies bedeutet konkret, dass das, worauf sich der Zuhörer konzentriert, nur einen Bruchteil der Gesamtäußerung (in (12) grau unterlegt; ebd.) ausmacht:

(12) Lokaler Blick (weißes Kästchen) auf die Gesamtäußerung (graues Feld)

Artikulation /
Wahrnehmung in der Zeit t

Dies ist anders bei einem geschriebenen Text, bei dem der Leser die Möglichkeit hat, alles in seinem jeweiligen Kontext zu sehen und zu überprüfen – und zwar wiederholt, wenn er möchte. Man nennt diese Vergegenwärtigung des umliegenden Texts und Kontexts „Appräsentation"; vgl. (13) (ebd.).

(13) Appräsentation des (Kon-)Texts

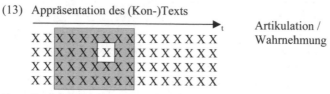

Artikulation /
Wahrnehmung

Es gibt eine Reihe weiterer Unterschiede zwischen gesprochener und geschriebener Sprache, von denen wir hier drei wegen ihrer besonderen Bedeutung für unsere Diskussion besprechen wollen, nämlich Intonation bei gesprochener Sprache, möglichen Kontakt mit einem Zuhörer bzw. Leser und die Möglichkeit, den produzierten Text zu überarbeiten.

Die Intonation, die es nur in der gesprochenen Sprache gibt, spielt in diesem Medium eine sehr zentrale Rolle bei der Informationsvermittlung. Wenn die Stimme z.B. zum Schluss einer Äußerung nach oben geht, ist das typischerweise ein Signal an den Zuhörer, dass es sich um eine Frage handelt. Wenn sie dagegen fällt, war die Äußerung wahrscheinlich eine Aussage. Wenn wir die Betonung aber noch einmal ändern, können wir starke Verwunderung zum Ausdruck bringen. So kann (14) je nach intonatorischem Muster alle drei hier angedeuteten verschiedenen Funktionen annehmen.

(14) Er hat sie gefragt. / Er hat sie gefragt? / Er hat sie gefragt?!

Diese Möglichkeit gibt es in der geschriebenen Sprache natürlich nicht. Zwar kann man solche Unterschiede teilweise durch besondere Zeichen am Satzende wie etwa ?, !, . usw. ausdrücken, dennoch geben diese Zeichen nur in etwa das wieder, was in der gesprochenen Sprache möglich ist. Man kann diese Satzzeichen auch teilweise kombinieren, wie z.B. das „?!" im dritten Beispiel in (14). Man kann den Text auch unterschiedlich drucken, um verschiedene Informationen hervorzuheben, etwa **fett**, IN KAPITÄLCHEN, unterstrichen, *kursiv* oder *ALLE VIER MÖGLICHKEITEN ZUSAMMEN*, aber auch hier gilt, dass diese Zeichen nie die volle Bandbreite an Möglichkeiten ausschöpfen, die uns die Intonation in der gesprochenen Sprache bietet.

Bei gesprochener Sprache hat man zudem meistens, wenn auch nicht immer (z.b. am Telefon), direkten Kontakt mit dem Gesprächspartner, wodurch wir viele Informationen auch ohne Worte vermitteln können. So weiß ich als Sprecher, dass etwas mit dem, was ich gerade erzähle, nicht in Ordnung ist, wenn ich an der Gestik oder Mimik meines Zuhörers erkenne, dass er mir nicht folgen kann (z.b. fragender Gesichtsausdruck) oder dass er mir nicht glaubt (z.b. Kopfschütteln). Falls er aber doch alles versteht und glaubt, was ich ihm sage, wird er vermutlich mit dem Kopf leicht nicken, oder ein akustisches Signal wie z.b. *ja* oder *hmm* von sich geben, um das mir mitzuteilen. Ich kann aber als Sprecher auch durch angehängte Fragen wie *nicht?*, *nicht wahr?*, *ne?*, *oder?* usw. nach einer Bestätigung bitten, dass er mich versteht.

Wenn ich einen Text geschrieben habe, habe ich schließlich auch die Möglichkeit, diesen mehrmals zu überarbeiten, bevor er gelesen wird. Dies erwarten wir auch, wenn wir etwas lesen, ob es sich um ein Buch oder einen Brief von einer Behörde handelt. Beim Sprechen ist dies anders: Zwar kann ich das, was ich gerade gesagt habe, korrigieren, ich kann es aber nicht zurücknehmen oder ungeschehen machen. Bei einem überarbeiteten geschriebenen Text bekommen wir diesen Prozess dagegen gar nicht mit, sondern erfahren lediglich das Ergebnis davon.

3.6 Sprache und Struktur: Orat und literat

Nachdem wir uns im letzten Abschnitt mit den medialen Eigenschaften von Sprache beschäftigt haben, wenden wir uns in diesem Abschnitt den strukturellen Eigenschaften von Sprache zu. Wir verwenden hierfür die Begriffe *orat* und *literat* von Maas (2008) für zwei Pole in einem Kontinuum von Strukturen. Diese definieren wir, wie folgt:

– *orate* Strukturen sind auf sprachliche Handlungen mit einem *konkreten Anderen*, einem (wahrnehmbaren) Gegenüber bestimmt, dessen Reaktionen in die Planung der eigenen Aktivitäten einbezogen werden,
– *literate* Strukturen bestimmen sprachliche Aktivitäten, die auf einen *generalisierten Anderen* abgestellt werden, der prinzipiell keine konkret wahrnehmbaren Eigenschaften hat … (Maas, 2008: 332, Hervorhebung im Originaltext)

Das heißt, orate Strukturen sind die Strukturen, die wir vorfinden, wenn wir mit einer *konkreten Person* kommunizieren. Um zu illustrieren, was das für die sprachliche Form heißt, stellen wir uns vor, dass wir mit einer bestimmten Person kommunizieren: Das Erste, woran man hier wahrscheinlich denkt, ist ein Gespräch unter vier Augen, wahrscheinlich mit einer Person, die wir bereits kennen. In einer solchen Situation können wir u.a. die Gestik oder Mimik der angesprochenen Person sehen, wir erhalten Bestätigungen zwischendurch (*ja, hmm* usw.) und haben selber die Möglichkeit, durch angehängte Fragen (z.B. *nicht wahr? oder?* usw.) sicherzustellen, dass unser Gesprächspartner uns auch versteht. Somit sind orate Strukturen auch *kommunikativ* ausgerichtet. In einer solchen Situation verwenden wir auch meist kürzere und weniger komplexe Strukturen, denn unser Zuhörer muss solche Strukturen analysieren, während wir noch sprechen, was bei langen, komplexen, „verschachtelten" Strukturen wegen des begrenzten Kurzzeitgedächtnisses schwierig ist (vgl. „Strikte Linearität des Sprechens" in (11) in Abschnitt 3.5). Hinzu kommt, dass in Situationen mit mehreren potentiellen Sprechern man sich das Rederecht oft erkämpfen muss, denn alle wollen mitreden; je kürzer der eigene Beitrag, umso größer die Wahrscheinlichkeit, dass man es schafft, sich mitzuteilen, bevor der Nächste einem ins Wort fällt.

Bei literaten Strukturen, die an einen generalisierten, oft unbekannten Anderen gerichtet sind, ist dies anders. Hier kommt es „zu einem maximalen Ausbau der strukturellen Potenziale der Sprache: das Gegenüber hat individuelle Merkmale verloren, es ist ein Fremder, der Andere." (Siekmeyer, 2013: 31) Was wäre typisch für eine solche Kommunikationsform? Das Erste, was sich hier aufdrängt, ist etwas Schriftliches an unbekannte Personen (z.B. ein Brief an eine Behörde oder eine Reklamation an eine Firma); d.h., wir wissen nicht genau, wer diese Botschaft lesen wird und müssen zunächst eine Reihe von Fakten mitteilen, damit die Verständigung klappt. Dazu gehören 1. wer wir sind, 2. worum es genau geht (z.B. was passiert ist, damit eine bestimmte Situation entstanden ist), 3. was wir genau wollen und 4. unter Umständen müssen wir auch noch erklären, warum wir in diesem Fall unserer Meinung nach Anspruch auf eine bestimmte Dienstleistung haben. Dies alles ist umso wichtiger, da wir in solchen Situationen kein gleichzeitiges Feedback vom Kommunikationspartner bekommen, so dass wir möglichst im Vorfeld dafür sorgen müssen, dass alle notwendigen Informationen mitgeteilt werden.

Dies alles könnten wir durch einzelne, einfache Sätze ausdrücken, wie bei einem Gespräch mit einer bekannten Person. Doch die Tatsache, dass diese Art der Kommunikation wahrscheinlich schriftlich ist, und vermutlich auch einen offiziellen Charakter hat, sorgt dafür, dass wir unsere Worte hier sehr genau wählen. Wir dürfen auch komplexere Strukturen verwenden, denn hier haben wir nicht nur die Möglichkeit, den Text mehrmals nachträglich zu verbessern, der Leser hat auch die Möglichkeit, den Text wiederholt zu lesen und den Kontext immer wieder zu überprüfen (vgl. „Appräsentation des (Kon-)Texts" in (13) in Abschnitt 3.5). Damit ist diese Art der Kommunikation selbstverständlich auch kommunikativ ausgerichtet, im Vergleich zu den oraten Strukturen ist sie aber vor allem *kognitiv* (d.h. intellektuell oder in Bezug auf den Verstand) ausgerichtet.

Es sollte an dieser Stelle hervorgehoben werden, dass diese literaten Strukturen in der Schule erlernt werden müssen: Man muss üben, wie man einen Aufsatz richtig organisiert, welche Informationen für unbekannte Leser angegeben werden müssen, wie man das richtige Wort findet (und auch andere Wörter mit ähnlicher Bedeutung, damit man sich nicht ständig wiederholt) usw.

Die Beziehung zwischen der strukturellen Dimension *orat* vs. *literat* und der medialen Dimension *geschrieben* vs. *gesprochen* ist sehr komplex und es ist keineswegs der Fall, dass mündliche Kommunikation immer orate Strukturen und geschriebene Kommunikation nur literate Strukturen aufweist. Zwar kommen orate Strukturen wesentlich häufiger in gesprochener Sprache als in geschriebener Sprache vor, wir können aber auch orat schreiben, z.B. beim Chatten, und in einigen Situationen erwarten wir literate Sprache, auch wenn sie gesprochen wird, wie z.B. bei einer Vorlesung an der Universität. Somit gibt es zwar eine starke Tendenz, Formelles schriftlich und mit literaten Strukturen zu äußern und Informelles mündlich und mit oraten Strukturen, dennoch sind dies nur Tendenzen, und diese Strukturen sind prinzipiell unabhängig von Register und Medium.

Was die konkreten Strukturen angeht, können wir zur Erläuterung mit oraten Strukturen in ihrer typischsten Verwendung beginnen, nämlich in informeller, gesprochener Sprache. Hier spielt nicht der Satz die Hauptrolle, sondern die Äußerungseinheit (oft Intonationseinheit genannt). Das heißt konkret: Obwohl vieles von dem, was wir sagen, tatsächlich die Form eines Satzes hat, sprechen wir sehr oft nicht in vollständigen Sätzen – auch ohne dass dies uns überhaupt bewusst ist. Vgl. Beispiel (15) aus einem Gespräch unter

Freunden über einen Nachbarn, von dem alle Beteiligten wissen, dass er oft waghalsig fährt. In einem solchen Gespräch würde sich niemand daran stören, dass dieser vermeintlicher „Satz" ungrammatisch sei, weil er u.a. kein Verb hat. Vielmehr passt (15) perfekt in diese Situation und ist eine lebhafte Schilderung des Ereignisses.

(15) Mein Nachbar, ne? Sein Auto – völlig Schrott!

Wir haben in (15) eine Äußerung, die aus drei Intonationseinheiten besteht. Diese haben die folgende Struktur („t" bezieht sich hier auf die Zeit, in der die Äußerung gesprochen wird):

(16) Struktur einer Intonationseinheit (Maas, 2008: 338)

„#" steht hier für die Abgrenzung einer solchen Einheit, während „MAX" für die maximale Prominenz in Bezug auf Lautstärke oder Tonhöhe steht. Die Strecke zwischen den beiden prominenten Stellen bilden den Integrationsbereich, was unter Umständen durch einen Vor- bzw. Nachbereich umgeben sein kann. Dies können wir mit dem einfachen Beispiel in (17) erläutern (ebd.). Auch wenn die schriftliche Version links in (17) leichter zu lesen ist, ist es in Wirklichkeit die gesprochene Version, die mit dem internationalen phonetischen Alphabet (IPA) rechts als grobe Transkription angegeben ist, die wir beim Sprechakt wahrnehmen, nicht die Orthographie.

(17) Der Opa hat ein Bier getrunken [deɐ. ˈʔoː.pa.hat.ʔaın.ˈbiːɐ.ge.tʁʊŋ.kən]
                                        MAX   MAX

In vielen Sprachen, darunter auch das Deutsche, baut sich die Intonation zu einem Maximum auf, die dann relativ schnell abfällt. Es handelt sich hierbei oft um den Fokus der Äußerung, d.h., um das, was der Sprecher für das Wichtigste im Satz hält, wie z.b. das Wort *Kino* in (18) z.B. als Antwort auf die Frage, wohin die Gruppe danach ging (ebd., S. 339) (für eine umfangreiche Diskussion des Themas „Fokus", vgl. Musan, 2010, dort vor allem Kapitel 4).

(18) wir waren dann noch im   **Kino**

Über die Intonationsstruktur hinaus brauchen wir etwas, womit wir die Diskursstruktur beschreiben können, nämlich die Thema-Rhema-Struktur: Wenn wir sprechen, neigen wir sehr stark dazu, das Thema, also das, worüber wir reden, als Erstes zu erwähnen.

Diesem folgt dann meist das Rhema, oder das, was wir über das Thema aussagen. So ist in Beispiel (17) oben *der Opa* das Thema, über den wir aussagen, dass er ein Bier getrunken hat, was das Rhema darstellt.

Meistens ist die Identität des Themas dem Zuhörer bekannt, weshalb man hier von alter Information spricht. Geht der Sprecher davon aus, dass der Zuhörer etwas nicht kennt, so wird dies als neue Information bezeichnet. Der Fokus, der fast immer neue Information enthält, befindet sich meist im rhematischen Bereich.

Betrachten wir noch einmal Beispiel (17). In welcher Situation würde man eine solche Äußerung machen? Eine Möglichkeit wäre das fiktive Gespräch in (19) (das unterstrichene Element sollte lauter vorgelesen werden, da es betont ist):

(19) A: Was hat der Opa dann gemacht?   B: Der Opa hat ein Bier getrunken.

In der Antwort *Der Opa hat ein Bier getrunken* gilt *der Opa* als alte Information, da der Sprecher hier weiß, dass der Zuhörer diese Person identifizieren kann. Dies wird u.a. auch durch den Artikel *der* (im Gegensatz zu *ein*) angezeigt. Die neue Information hier ist *hat ein Bier getrunken*, d.h. das Rhema.

Ein letztes Merkmal orater Sprache, mit dem wir uns hier beschäftigen, betrifft die Informationsdichte der Äußerungseinheit: Meist finden wir in einer Äußerungseinheit, abgesehen vom Verb, nur eine neue Information, die dann durch ein Inhaltsmorphem ausgedrückt wird. Das heißt, meist wird nur ein Referent, also eine Person oder ein Gegenstand, auf die bzw. den Bezug genommen wird, mit einem Inhaltsmorphem erwähnt (vgl. Chafe, 1994). Da das Thema meist alte Information ist, heißt das konkret, wir können dafür ein Pronomen wie *er, sie* oder *es* verwenden, da die Identität dieser Person schon bekannt ist. Dagegen wird der Fokus meist durch eine NP mit einem Inhaltsmorphem ausgedrückt.

Wir wenden uns jetzt den literaten Strukturen zu. Die Basis hierfür ist der Satz, eine abgeschlossene Einheit mit einem Prädikat, allen Argumenten und eventuell auch Adjunkten (adverbiellen Bestimmungen) (vgl. u.a. Musan, 2013[3]). Das Prädikat ist der Teil des Satzes, der uns sagt, um was für eine Handlung oder um was für einen Zustand es sich handelt. Dieses Element enthält im Deutschen immer ein Verb und besteht meist nur aus diesem Element, wie z.B. *sehen, essen, laufen, wissen, existieren* usw. Es kann aber auch aus einem lexikalischen Element bestehen, dass kein Verb ist, dann muss das Prädikat eine Kopula enthalten, also meist *sein* oder *werden* wie *Lehrer werden* (z.B. im Satz *Ich werde (eines Tages) Lehrer*) oder *Tisch sein* (z.B. im Satz *Das ist ein Tisch*) usw. Argumente sind die Elemente, meist Nominalphrasen, die nicht weggelassen werden können, ohne dass der Satz dadurch ungrammatisch wird. Betrachten wir die Daten in (20). Das Sternchen „*" vor den einzelnen Beispielen bedeutet, dass das jeweilige Beispiel nicht akzeptabel ist.

(20) a. Der Junge zerstörte das Bild.   b. *Der Junge zerstörte.
      c. *Zerstörte das Bild.   d. *Zerstörte.

zerstören verlangt zwei NP – jemand, der zerstört, und etwas, was zerstört wird. Wenn dieser Satz gewissermaßen „aus dem Nichts" gesprochen wird, kann weder *der Junge* noch *das Bild* fehlen. Zwar sind längst nicht alle Prädikate so eindeutig, dennoch ist es bei den meisten relativ klar, wie viele Argumente verlangt werden. Elemente, die nicht verlangt werden, werden Adjunkte oder adverbielle Bestimmungen genannt, wie *heute Morgen* in (21), das weggelassen werden kann, ohne dass der Satz ungrammatisch wird.

(21) a. Der Junge zerstörte das Bild heute Morgen.
      b. Der Junge zerstörte das Bild.

In spontan gesprochener Sprache können wir dagegen oft Elemente weglassen, wenn diese aus dem Kontext bekannt sind, die wir in der Schriftsprache nicht weglassen könnten. So wäre (22) in einem lebhaften Gespräch durchaus möglich (vgl. auch (15) oben):

(22) A: Was hat der Junge dann gemacht?   B: Das Bild zerstört.

Das Vorhandensein aller Argumente wird also in literaten Strukturen vorausgesetzt, es gibt aber zahlreiche weitere Unterschiede zu den oraten Strukturen. Vor allem ist die Struktur des Satzes eine ganz andere als die der Äußerungseinheit. Im Deutschen sind Sätze nämlich nach dem sogenannten Felder- oder topologischen Modell aufgebaut. Eine etwas vereinfachte Version dieser Struktur ist in (23) dargestellt.

(23) Das deutsche Feldermodell

Vorfeld	**linke Satzklammer**	Mittelfeld	**rechte Satzklammer**

Aus Platzgründen können wir uns mit diesem Modell nicht im Detail beschäftigen; so können wir uns hier mit dem Nachfeld, das nach der rechten Satzklammer steht und in dem z.B. satzartige Konstituenten wie Nebensätze stehen, nicht befassen. Eine ausführliche Diskussion findet sich bei Wöllstein (2014[2]). Für unsere Zwecke reicht folgende Beschreibung, die sich der Einfachheit halber ausschließlich mit Hauptsätzen beschäftigt, die mit einem Vorfeld be-

ginnen (also z.B. keine Imperativsätze oder Polarfragen („Ja/Nein-Fragen"):
Vorfeld: Hier darf in der traditionellen Darstellung nur eine Einheit stehen. Diese Einheit muss nicht unbedingt ein Wort sein, sie darf aber nur aus einer syntaktischen Einheit bestehen, z.B. einer NP. Diese NP darf nicht nur Subjekt sein, sie kann auch das direkte oder indirekte Objekt sein oder ein Adjunkt.

Linke und rechte Satzklammern: Die linke Satzklammer (LSK) darf in einem normalen Hauptsatz nur durch ein finites Verb besetzt sein. Wenn das Prädikat aus einem einfachen Verb besteht, befindet sich dieses hier. Ist es dagegen ein komplexes Prädikat wie z.B. *habe gesehen* oder *will laufen*, so steht der finite Teil des Prädikats (hier: *habe* bzw. *will*) in der LSK und der andere Teil in der rechten Satzklammer (RSK), in diesen beiden Fällen also *gesehen* bzw. *laufen*. Somit bilden rechte und linke Satzklammer buchstäblich eine Klammer um das Mittelfeld herum.

Mittelfeld: Für unsere Zwecke reicht es hier zur Kenntnis zu nehmen, dass alle Satzteile, die nicht zum Prädikat gehören und die nicht im Vorfeld vorkommen, im Mittelfeld stehen.

Beispiel (24) veranschaulicht diese Struktur.

(24)	**Vorfeld**	**LSK**	**Mittelfeld**	**RSK**
	Ich	sah	sie gestern Abend in der Stadt	-
	Ich	habe	sie gestern Abend in der Stadt	gesehen

Es ist klar, dass orate Strukturen wie in (15), hier noch einmal als (25) angegeben, nicht in diese Struktur passen, denn (25) besteht aus drei Äußerungseinheiten, von denen keine die Struktur in (24) aufweist. Literate Strukturen sind aber an dem Schema in (24) gebunden, und Abweichungen davon sind nicht erlaubt.

(25) Mein Nachbar, ne? Sein Auto – völlig Schrott!

Es gibt auch weitere Unterschiede zwischen oraten und literaten Strukturen. Wie oben bereits besprochen, drücken wir uns meist in kurzen, einfachen Strukturen aus, wenn wir informell sprechen, meist nur mit einem neuen Referenten pro Äußerungseinheit, und wir neigen dazu, das meist bereits bekannte Thema vor das Rhema zu stellen. Dies führt u.a. dazu, dass wir komplexere Botschaften orat in mehrere prosodisch getrennte Äußerungseinheiten zerlegen müssen. Vgl. zunächst Beispiel (26), in dem beide Einheiten prosodisch getrennt sind und das jeweilige Maximum durch Fettdruck hervorgehoben wird (Maas, 2008: 339).

(26) Orat: |Mein **Bruder** kommt morgen.| |Der ist **Taxifahrer.**| ...

Durch die Appräsentation des Textes und die Möglichkeit, einen geschriebenen Text wiederholt lesen zu können, entfallen diese Zwänge beim Schreiben. Durch die Befreiung vom Zwang, einfache Strukturen benutzen zu müssen, können wir nun zum Beispiel die sprachlichen Strukturen verdichten. So könnte man dieselbe Information, die in (26) ausgedrückt wird, durch die dichtere Struktur in (27) zum Ausdruck bringen (ebd.).

(27) Literat: Mein Bruder, der Taxifahrer ist, kommt morgen.

Die Information der zweiten Äußerungseinheit in (26) ist in (27) durch den Relativsatz *der Taxifahrer ist* in die Subjekt-NP *mein Bruder, der Taxifahrer ist* integriert, wo dieser Relativsatz das Substantiv *Bruder* genauer spezifiziert. Vgl. nun Beispiel (28) (aus Runge, 1968: 83, aus Maas, 2008: 342 zitiert) mit seinen oraten Strukturen. Das Beispiel stammt aus informeller gesprochener Sprache und besteht aus 16 Äußerungseinheiten. In (28) sind Prädikate doppelt unterstrichen; neue Informationen, die durch ein Substantiv ausgedruckt werden, sind einmal unterstrichen.

(28) Dann hab ich auch meine Wohnung wiedergekriegt.|₁ Tag für Tag bin ich gelaufen.|₂ Erstmal zur Zeche,|₃ die konnten nichts machen.|₄ Dann bin ich zum Wohnungsamt,|₅ da hat man mich von einem Tag aufn anderen verschoben,|₆ von einer Woche auf de andere–|₇ da hab ich sieben Wochen bei Leuten gewohnt.|₈ Die Kinder schliefen woanders,|₉ wir gingen hier in ein Zimmer bei uns rüber schlafen,|₁₀ wo die Möbel zusammengestellt waren,|₁₁ und die Kleine, die schlief denn da bei de Nachbarn.|₁₂ Also, auf drei Familien sozusagen verteilt.|₁₃ Und dann war ich wieder aufn Wohnungamt|₁₄ da ham die immer gesagt,|₁₅ es wäre keine Möglichkeit.|₁₆ ...

Wie Maas anmerkt, hat jede Äußerungseinheit in (28) (außer Äußerungseinheit 12, die man auch als zwei Äußerungseinheiten analysieren könnte, und Äußerungseinheit 8) neben dem Verb maximal ein Inhaltslexem und die Strukturen sind äußerst einfach: So finden wir die Maximalstrukturen in (29) bei diesen Einheiten, oft zusätzlich zu einem weiteren, semantisch schwachen Komplement wie etwa einem Pronomen.

(29) (ADJUNKT +) N_{SUBJ} + V   bzw.   (ADJUNKT +) V + N_{OBJ}

Hinzu kommt, dass wir nur einen Relativsatz finden, in Segment 11 (*wo die Möbel zusammengestellt waren*), ansonsten nur lose miteinander verbundene Äußerungseinheiten. Einige, wie z.B. Äußerungseinheiten 3 und 7, enthalten kein Verb, und 5 hat zwar das Verb *bin*, man findet hier aber kein Bewegungsverb, auch wenn man als Zuhörer (oder hier: Leser) versteht, dass der Sprecher sich in irgendeiner Form zum Wohnungsamt bewegt hat. Aber obwohl 3, 5 und 7 kein (Voll-)Verb enthalten, bereiten sie trotzdem keine Verständigungsschwierigkeiten und sind der Gesprächssituation durchaus angepasst.

Wir können einige dieser Äußerungseinheiten in literatere Strukturen überführen, um die unterschiedlichen Strukturen zu verdeutlichen. Vgl. zunächst die oraten Strukturen in den Äußerungseinheiten 10-11 aus Beispiel (28) (hier noch einmal als (30a)) mit Beispiel (30b) (ebd.)).

(30) a: wir gingen hier in ein <u>Zimmer</u> bei uns rüber <u>schlafen,</u>|10 wo die <u>Möbel</u> <u>zusammengestellt</u> waren,|11
       b: Wir gingen zu uns in ein Zimmer, in dem die Möbel zusammengestellt waren, schlafen.

Zunächst fällt auf, dass Wörter wie *hier*, die kontextgebunden sind, weggelassen wurden, da wir in (30b) einen Text haben, der für einen generalisierten Anderen gedacht ist, für den das Wort *hier* keinen Bezug hat. Hinzu kommt, dass Äußerungseinheit 11 auch in (30b) ein Relativsatz ist, dieser wird aber nicht mit dem umgangssprachlichen *wo* eingeleitet, sondern mit der Präpositionalphrase *in dem*, wobei *dem* hier ein Relativpronomen ist. Zudem ist der Relativsatz in die Nominalphrase (NP) eingebettet worden – wir finden in (30b) nicht mehr die einfache NP *ein Zimmer* wie in Äußerungseinheit 10 mit zusätzlicher Information über dieses Zimmer in Äußerungseinheit 11, sondern jetzt die komplexe NP *ein Zimmer, in dem die Möbel zusammengestellt waren.* Das heißt konkret, diese literate Struktur ist wesentlich komplexer und kompakter als die einfachen, oraten Strukturen der Äußerungseinheiten 10-11.

Vgl. nun die Äußerungseinheiten 5-6 (hier noch einmal als (31a)) mit Beispiel (31b).

(31) a. Dann bin ich zum <u>Wohnungsamt,</u>|5 da hat man mich von einem <u>Tag</u> aufn anderen <u>verschoben,</u>|6
       b. Als ich zum Wohnungsamt gegangen bin, hat man mich von einem Tag auf den anderen verschoben.

Im gesprochenen Text (31a) wird nicht ausdrücklich gesagt, wie diese zwei Äußerungseinheiten zusammenhängen, in (31b) dagegen schon: Es handelt sich um eine temporale Beziehung, also wann die Handlung in Äußerungseinheit 6 stattfand (*__als__ ich zum Wohnungsamt gegangen bin,*). Zwar konnte sich der Zuhörer von den Einheiten 5-6 diese Beziehung sicherlich denken, sie wurde aber nicht so eindeutig ausgedrückt wie in (31b). Auch das ist typisch für literate Strukturen und auch hier wegen des generalisierten Anderen, der keinen Kontext hat, so dass alles explizit ausgedrückt werden soll. Dieses Thema spielt auch eine prominente Rolle in der Pädagogik, wo der Schwerpunkt auf der „Bildungssprache" liegt: Es handelt sich hierbei um vorwiegend literate Strukturen, die einzelfachlich unterschiedliche Ausprägungen aufweisen, die wiederum einzelsprachlich historisch ausgeprägt sind (Feilke, 2012: 6).

Die Diskussion um orate und literate Strukturen ist zentral für unsere Diskussion von Sprache und Migration, denn ein Großteil des schulischen Erfolgs hängt davon ab, ob es den SchülerInnen gelingt, sich diese literaten Strukturen im Laufe ihrer Schulzeit anzueignen. Auch wenn Probleme auf diesem Bereich meist als „Stil"-Probleme angesehen werden, so handelt es sich doch um viel mehr als nur einen individuellen Stil, denn wir erwarten als LeserInnen, dass schriftliche Erzeugnisse, die einen offiziellen (also: formellen) Charakter haben, ausschließlich literate Strukturen enthalten. Diese werden wiederum systematisch in der Schule gelernt und wer sie nicht beherrscht, wird es im späteren Leben schwer haben, auch wenn er damit durch die Schule kommt. So kann z.B. ein Bewerbungsbrief nur richtig buchstabierte Wörter enthalten, wenn er aber Strukturen wie die in (28) enthält, hat der Bewerber bzw. die Bewerberin kaum eine Chance auf die erwünschte Stelle. Ein solcher Mensch mag fachlich sehr gut sein, er wird aber kaum zu einem Vorstellungsgespräch eingeladen und, sollte er es dennoch werden, so werden auch bei diesem Gespräch eher literate Strukturen erwartet, auch wenn es sich um gesprochene Sprache handelt.

Diese Hürde schaffen viele SchülerInnen mit Migrationshintergrund nicht, u.a. (wie schon in Abschnitt 2.5 erwähnt), weil oft ihre Eltern nicht über genügend Kenntnisse der deutschen Schriftsprache verfügen, um ihnen zu helfen (auch wenn sie vielleicht über gute ORATE Kenntnisse des Deutschen verfügen mögen). Wie wir im letzten Teil von Abschnitt 3.4 gesehen haben, hängt dies aber auch von anderen Faktoren wie dem sozioökonomischen Status (SES) ab, so dass es generell für Menschen aus den sogenannten bildungsfernen Schichten gilt. Da aber ein höherer Anteil von Menschen mit Migrationshintergrund als bei der restlichen Bevölkerung aus solchen Verhältnissen kommt, treten solche Probleme bei diese Gruppe öfter auf, was wiederum dazu führt, dass dies oft als direkte Folge von Mehrsprachigkeit gesehen wird. In Kapitel 5 werden wir uns deshalb ausgiebig mit dem Erwerb schriftsprachlicher Kompetenzen bei SchülerInnen mit Migrationshintergrund beschäftigen, wobei die hier diskutierten oraten und literaten Strukturen eine wichtige Rolle spielen. Aber auch beim Thema Codeswitching, mit dem wir uns in Kapitel 4 befassen, ist diese Unterscheidung relevant, da Codeswitching vor allem im Intim- und im informellen Register vorkommt, wo wir hauptsächlich orate Strukturen finden.

3.7 Zusammenfassung

Wir haben in diesem Kapitel gesehen, dass „deutsch" nicht gleich „deutsch" ist: Man kann das Deutsche zunächst als Regelsystem oder aber als dynamischen Prozess betrachten, wobei die Art und Weise, wie wir sprechen, immer davon abhängt, mit wem wir wo und worüber sprechen. Es macht auch einen Unterschied, ob wir etwas schreiben oder aussprechen und welches Register erwartet wird. Dabei muss man klar zwischen dem Medium (geschrieben vs. gesprochen) und den sprachlichen Strukturen (orat vs. literat) trennen: Auch wenn einige (z.b. Wrobel, 2010) zurecht darauf hinweisen, dass gesprochene und geschriebene Sprache sich doch in manchen Hinsichten generell unterscheiden, ist es gerade vor dem didaktischen Hintergrund wichtig, sich die verschiedenen sprachlichen Strukturen ins Bewusstsein zu rufen, da gerade die literaten Strukturen mühevoll erlernt werden müssen, und solche strukturellen Unterschiede lassen sich in beiden Medien finden. Wie es Mehlem (2013: 342) treffend ausdrückt: „Keine sprachliche Äußerung kann unabhängig von einem bestimmten Medium bestehen, aber in der Analyse ihrer sprachlichen Form lassen sich durchaus mediale und strukturelle Aspekte voneinander trennen."

Grundbegriffe: literat, orat, Register, sozioökonomischer Status (SES)

4. Codeswitching & Co. – Jonglieren mit zwei Sprachen

So gut wie alle von uns haben irgendwann ein Gespräch z.B. im Bus oder auf der Straße zwischen Menschen erlebt, die sich in einer anderen Sprache unterhielten, wobei aber immer wieder deutsche Wörter vorkamen wie etwa *Bahnhof* oder *Uni*, deutsche Straßennamen und vielleicht auch Ausrufe wie *Ach so!* oder angehängte Fragen wie *oder?* Um solche sprachlichen „Vermischungen" geht es in diesem Kapitel. Ein wichtiges Ziel dabei ist es, anhand von Beispielen aus verschiedenen Sprachen zu zeigen, wie Codeswitching als Indiz dafür zu sehen ist, dass solche Sprecher beide Sprachen gut beherrschen, also „doppelt vollsprachig" sind. Schließlich schauen wir uns das viel diskutierte „Kiezdeutsch" vor diesem Hintergrund etwas genauer an.

4.1 Begriffsklärung: *Codeswitching, Codemixing* und Entlehnungen

Auf kaum einem anderen Gebiet innerhalb der Sprachwissenschaft gibt es so viel Verwirrung wie bei den Termini für unterschiedliche Formen der sprachlichen Mischung. Es hat zwar viele Versuche gegeben, diese Terminologie zu vereinheitlichen, so dass alle ForscherInnen die gleiche Bezeichnung für das gleiche Phänomen benutzen, allerdings bisher ohne großen Erfolg. Das Hauptproblem dabei ist, dass einige Formen der Sprachmischung, die wir gleich besprechen werden, sich nicht von anderen, ähnlichen sprachlichen Phänomenen eindeutig abgrenzen lassen, und es herrscht auch unter ForscherInnen nicht immer Einigkeit darüber, welche Unterscheidungskriterien überhaupt verwendet werden sollen. Wir folgen hier deshalb Gardner-Chloros (2009: 10-13), indem wir betonen, dass jeder Versuch, endgültige Definitionen zu finden, um alle Phänomene auf diesem Bereich von allen anderen klar abzugrenzen, nicht möglich ist. Anstatt nach dem „richtigen" Namen für ein bestimmtes Phänomen zu suchen, ist es also aus unserer Sicht wesentlich wichtiger und vor allem sinnvoller, dass man nachher in der Lage ist, das, was man gerade untersucht, BESCHREIBEN zu können. Wichtig ist nur, dass man klar darlegt, wie man persönlich die unterschiedlichen Termini verwendet (und vielleicht auch welcher Forscherin bzw. welchem Forscher man dabei folgt).

Beginnen wir mit dem Thema **Entlehnung**, die „Übernahme von Lexemen, also der Transfer lexikalischer Einheiten" (Rothe, 2012: 14). Jede Sprache entlehnt Elemente aus anderen Sprachen. Hier brauchen wir nur kurz darüber nachzudenken, wie viele Wörter wir im Laufe eines Tages verwenden, die aus dem Englischen kommen: So tippen wir *E-Mails* (oder ganz einfach: *Mails*) auf unserem *Computer*, oder besser gesagt, wir schauen in unserem *Account* nach, was wir allerdings nur erreichen, wenn es keine Probleme mit dem *Server* gibt usw. Es gibt viele Gründe, Elemente aus einer anderen Sprache zu übernehmen. Z.B. kann ein neues Wort zusammen mit einem neuen Gegenstand oder mit einer neuen Erfindung gleich mit übernommen werden, denn für etwas, was es noch nicht gibt, gibt es auch keine Bezeichnung. Das ist allerdings nur ein Grund: Ein weiterer könnte sein, dass es einfach „cool" ist, ein fremdes Wort zu benutzen, z.B. um zu zeigen, dass man über gute

Kenntnisse einer anderen Sprache verfügt, dass man zu einer bestimmten sozialen, beruflichen oder Altersgruppe gehört usw.

Oft kommt es bei Lehnwörtern zu einer Spezialisierung, so dass die entlehnten Wörter und die ursprünglichen deutschen Bezeichnungen nebeneinander weiter existieren, allerdings haben sie dann entweder etwas unterschiedliche Bedeutungen oder sie werden in verschiedenen Registern verwendet. Ein besonders bekanntes Beispiel sind Wörter für bestimmte Körperteile oder Ausscheidungen, deren aus dem Lateinischen stammende Bezeichnungen Eingang in die medizinische Sprache und andere höhere Register gefunden haben, während die nicht entlehnten Formen eher umgangssprachlich verwendet werden. So sind Wörter wie *Urin* die bevorzugten Termini bei einem Arztbesuch oder in wissenschaftlichen Diskussionen, während die anderen, Ihnen sicherlich bekannten Ausdrücke dafür den unteren Registern vorbehalten sind.

Viele ForscherInnen unterscheiden weiter zwischen Entlehnungen und Fremdwörtern, wobei Fremdwörter gewissermaßen „neuere Entlehnungen" sind, die nicht sehr verbreitet sind und die sich oft noch einigermaßen fremd anhören, weil sie nicht in das phonologische System des Deutschen angepasst worden sind. Da aber, wie Riehl (2004: 31-32) anmerkt, eine klare Trennung zwischen Lehn- und Fremdwörtern nicht möglich ist, und da diese Unterscheidung in vielen anderen Sprachen nicht gemacht wird, sprechen wir im Folgenden nur noch von Entlehnungen.

Im Laufe der Zeit können sich solche entlehnten Elemente so sehr anpassen und auch bei Einsprachigen so verbreitet werden, dass den meisten Menschen nicht einmal bewusst ist, dass es sich um einst entlehnte Wörter handelt. So wissen nur die Wenigsten, dass *Mauer* vom lateinischen Lehnwort *murus* oder *Ziegel* vom ebenfalls lateinischen *tegula* abstammt. Die Herkunft solcher Elemente ist meist nur speziell ausgebildeten Menschen bekannt und für große Teile der Bevölkerung handelt es sich hier um ganz normale deutsche Wörter. Solche Formen zeigen deutlich, dass Lehnwörter keine besonderen Fähigkeiten von den Sprechern verlangen; mit anderen Wörtern, ein Mensch kann Lehnwörter wie *Computer* oder *Tsunami* verwenden, ohne fließend Englisch bzw. Japanisch sprechen zu können. Es kann sogar sein, dass er solche Entlehnungen als „urdeutsche" Wörter betrachtet, wie bei *Mauer* und *Ziegel*.

Es stellt sich dann die Frage, wie Lehnwörter ins Deutsche gelangen. Auch wenn sie nachher von allen benutzt werden, also auch von denjenigen, die ausschließlich Deutsch sprechen, muss jemand sie ursprünglich benutzt haben, der Deutsch und die Sprache gekannt hat, aus der diese Elemente stammen. Tatsächlich haben so gut wie alle Lehnwörter, die es im heutigen Deutschen gibt, als Codeswitching begonnen, d.h. sie sind Teil des Deutschen geworden, weil sie zuerst von Mehrsprachigen in mehrsprachiger Rede verwendet wurden. Einige von diesen – wie z.b. die oben erwähnten Begriffe für Konzepte, für die es ursprünglich kein deutsches Wort gab – sind dann im Laufe der Zeit auch von Einsprachigen übernommen worden. Ohne Codeswitching hätten sie aber vielleicht nie Eingang ins Deutsche gefunden.

Terminologisch gesehen ist der Bereich Codeswitching leider noch unübersichtlicher, als dies bei den Entlehnungen der Fall war. Um nur zwei Beispiele zu nennen: Muysken (2000) verwendet den Terminus *Code-mixing* für das, was wir hier als *Codeswitching* bezeichnen, also die Verwendung von Elementen aus zwei (oder mehr) Sprachen innerhalb einer Äußerung. Er spricht zwar auch von *Code-switching*, allerdings nur dann, wenn es um die Verwendung von zwei Sprachen in einem Gespräch geht, bei der von einem Satz zum nächsten zwischen den Sprachen gewechselt wird. Auer (1999) dagegen spricht von *Codeswitching*, so wie wir den Terminus auch verwenden, unterscheidet dies aber von *Sprachmischung* (*language mixing*), wenn diese Art des Sprachwechsels besonders häufig auftritt, z.B. in Gesellschaften, in denen es der Normalfall ist, mehrere Sprachen im Laufe eines Gesprächs zu benutzen und wo es eher die Ausnahme ist, nur eine Sprache zu verwenden. Die Tabelle in (1) bietet einen vergleichenden Überblick über Entlehnungen, „Sprachwechsel" („Code-switching" im Sinne von Auer, 1999), und „Sprachmischung" („*language mixing*" im Sinne von Auer, 1999), vgl Maas (2008: 101).

(1)   Entlehnung, Sprachmischung und Sprachwechsel im Überblick

	Sprachform	*Habitualisierung*	*Sprachkompetenz*
Entlehnung	lexikalisiert		monolingual
Sprachmischung	*ad hoc*	+	
Sprachwechsel		–	bilingual

Wie man in (1) sieht, unterscheiden sich Sprachmischung und Sprachwechsel von Entlehnungen u.a. dadurch, dass Entlehnungen lexikalisiert sind, d.h. sie gehören zum festen Wortschatz einer Sprache, egal woher sie ursprünglich stammen, so wie *Mauer* und *Ziegel* im Deutschen. Bei Sprachmischung und Sprachwechsel handelt es sich dagegen um Formen, die aus einer anderen Sprache stammen aber nicht zum festen Wortschatz des Deutschen geworden sind. Daher werden sie *ad hoc* oder „spontan" verwendet. Das bedeutet aber auch, dass Sprachmischung und Sprachwechsel im Gegensatz zur Entlehnung gute Kenntnisse zweier Sprachen voraussetzen, denn Wörter aus einer anderen Sprache *ad hoc* verwenden zu können, setzt voraus, dass man sich in dieser anderen Sprache auskennt, während dies bei Entlehnungen nicht notwendig ist. Daher setzen Sprachmischung und Sprachwechsel **bilinguale** (oder „zweisprachige") Sprachkompetenz voraus, Entlehnungen können aber von Monolingualen (Einsprachigen) verwendet werden.

Sprachmischung und Sprachwechsel unterscheiden sich nur darin, dass Sprachmischung habitualisiert, also der Normalfall ist und keine besonderen Funktionen im Diskurs erfüllt, während Sprachwechsel nur sporadisch vorkommt und Diskursfunktionen erfüllt, von denen wir in Abschnitt 4.5 einige behandeln werden. Da es sich hierbei aber nicht um einen strukturellen Unterschied zwischen Sprachmischung und Sprachwechsel handelt, worauf wir in diesem Buch den Schwerpunkt setzen, folgen wir hier Maas (2008). Wir fassen Sprachmischung und Sprachwechsel unter der Bezeichnung „Codeswitching" (ohne Bindestrich) zusammen. Aber selbst das Codeswitching in diesem Sinne ist alles Andere als einheitlich. Zunächst kann man drei verschiedene Arten von Codeswitching danach unterscheiden, an welcher Stelle von einer Sprache in eine andere „geswitcht" wird:

EXTRASENTENTIELL – hier geht es vor allem um Ausrufe und andere ähnliche Elemente, die vor dem „eigentlichen" Satz stehen und nicht wirklich zu diesem gehören, wie der deutsche Ausruf *Ach* in (2) (nach Maas, 2008: 469), das vor dem restlichen finnischen Satz steht (siehe Abkürzungsliste, vorne im Buch).

(2)   Deutsch-Finnisch
      <u>Ach</u> on-k   su-ll   kiire?
            ist-FRAGEPARTIKEL (< *on-ko*) 2SG-ADESS (< *sinu-lla*) Eile
      ‚<u>Ach</u>, du hast es eilig?' (wörtlich etwa: ‚Ach, ist bei dir Eile?')

Man darf dabei nie vergessen, dass es sich bei Codeswitching fast immer um spontan gesprochene Sprache handelt, d.h. wir dürfen hier keine literaten Strukturen erwarten, sondern eher orate Strukturen. Z.B. ist (2) aus Sicht der Standardsprache nicht „korrekt", denn die standardsprachliche Fragepartikel *-ko* in (2) wird als *-k* und die standardsprachliche Form *sinulla* als *sull* realisiert.

INTERSENTENTIELL – hier wird von einem Satz zum nächsten gewechselt, wobei ein Satz in der einen Sprache und der nächste Satz in der anderen Sprache vorkommen. Ein Beispiel hierfür ist

(3), aus Gumperz (1982: 77), zwischen Spanisch (<u>unterstrichen</u>) und Englisch.

(3) Spanisch-Englisch
<u>Ándale pues.</u> And do come again. Mm?
‚<u>Also dann.</u> Und komm' doch wieder, ja?'

INTRASENTENTIELL – bei dieser Art von Codeswitching kommen in einem einzigen Satz Elemente aus verschiedenen Sprachen vor. Meist handelt es sich hier um eine Hauptsprache, oft **Matrixsprache** genannt, und eine **eingebettete Sprache**. Diese Art des Codeswitchings wird auch häufig **Einfügen** (*insertion*) genannt, da einzelne Elemente aus der eingebetteten Sprache in die Matrixsprache „eingefügt" werden. Ein Beispiel dafür befindet sich in (4) (von Valeria Biller).

(4) Deutsch-Russisch
| U menja | eščo | ne | by-l-o | <u>Urlaub</u>-a. |
| bei 1SG.GEN | noch | nicht | sein-PRÄT-NOM.SG.N | <u>Urlaub</u>- GEN.SG.M |
‚Ich hatte noch keinen <u>Urlaub</u>.'

Es gibt im Russischen kein Verb wie das deutsche *haben*, das Besitz ausdruckt. Stattdessen sagt man in nicht verneinten Sätzen ‚bei mir war Urlaub', wenn man sagen will ‚Ich hatte Urlaub', während man in verneinten Sätzen wie Beispiel (4) sagt ‚bei mir war nicht des Urlaubs'. Daher ist es klar, dass die Gesamtstruktur in Beispiel (4) russisch ist, während nur das Inhalts- oder lexikalische Morphem *Urlaub* aus dem Deutschen stammt. Es ist auch wichtig zu betonen, dass nicht das gesamte Wort aus dem Deutschen stammt, sondern nur das lexikalische Morphem *Urlaub*, da das Wort *Urlauba* mit dem russischen Genitivsuffix *-a* endet, während das entsprechende deutsche Wort *Urlaubs* mit dem deutschen Suffix *-s* endet.

Aus Platzgründen müssen wir uns in der folgenden Diskussion thematisch etwas einschränken, da eine Diskussion all dieser Arten des Codeswitchings mehr als genug Stoff für ein eigenes Buch bietet. Da bei intrasententiellem Codeswitching die Grammatiken zweier Sprachen direkt aufeinander treffen, ist diese Art der Sprachmischung besonders aufschlussreich, weshalb wir uns im Folgenden nur noch mit ihr beschäftigen werden. Des Weiteren werden wir uns hier nur mit kompetenten Codeswitchern beschäftigen, also mit Sprechern, die in beiden Sprachen sicher sind und die geübte „Switcher" sind. Es ist grundsätzlich immer möglich, Elemente aus zwei Sprachen zu verwenden, auch wenn man selber nur eine der beiden Sprachen wirklich beherrscht. So kann ich z.B. als Sprecher des Deutschen, der über keinerlei Kenntnisse des Swahili verfügt, relativ leicht herausfinden, dass die Entsprechung des deutschen Wortes *legen* im Swahili *weka* heißt und – aus welchen Gründen auch immer – dieses Wort in ein deutsches Gespräch einbauen, wie in (5).

(5) Weka das Buch bitte auf den Tisch.
     ‚Leg‘ das Buch bitte auf den Tisch!‘

Dies unterscheidet sich allerdings grundsätzlich von dem zu Beginn dieses Kapitels erwähnten Gespräch im Bus oder auf der Straße unter Türkisch- oder Russischsprachigen, die ab und zu einzelne Elemente aus dem Deutschen benutzen, denn diese Sprecher verfügen über gute Kenntnisse des Deutschen und des Türkischen bzw. des Russischen und berücksichtigen – meist völlig unbewusst – die Strukturen beider Sprachen, um die deutschen Elemente in den russischen oder türkischen Satz so einzubauen, dass die Grammatik beider Sprachen nicht verletzt wird. Bei (5) oben ist das aber anders: Wenn ich über keinerlei Swahili-Kenntnisse verfüge, weiß ich z.b. nicht, welche Form *weka* im Imperativ hat oder ob es mit einem Objekt wie *Buch* überhaupt kompatibel ist. Ich weiß nicht einmal, ob dieses Verb wie das deutsche Verb *legen* drei Argumente verlangt, denn Sprachen können sich hier sehr stark unterscheiden. Kurz gesagt: Ich weiß nichts über das grammatische Verhalten dieses swahilisprachigen Verbs.

Beim kompetenten Codeswitching ist das anders. Hier gleichen die Sprecher beim Sprechen meist ohne jegliche Verzögerung die Grammatik beider Sprachen mit einander ab und wechseln nur an den sogenannten **Sollbruchstellen**, d.h. an den Stellen, wo man relativ unproblematisch wechseln kann bzw. nur dort, wo die zwei Grammatiken so ähnlich sind, dass ein Wechsel bewerkstelligt werden kann, ohne dass die Grammatik der beiden Sprachen missachtet wird. Dies kann man schematisch so wie in (6) darstellen („t" = ‚Zeit‘), vgl. Maas (2008: 462)

(6) Sollbruchstellen beim Codeswitching vom Typ „Einfügen"

Sprache A	XXXXXXX	[... [XXXX]* ...]	XXXXX [... [XXX]* ...]
Sprache B		[... [XXXX]* ...]	[... [XXX] ...]

ÄUßERUNG ————————————————————▶ t

Hier haben wir zwei Sprachen, A und B, wobei A unsere Matrixsprache ist. Dabei möchte der Sprecher oder die Sprecherin (aus welchen Gründen auch immer) auch Elemente aus Sprache B verwenden. Er oder sie muss dabei immer den sogenannten grammatischen Hof (hier durch „[…[XXXX]…]" dargestellt) ständig abgleichen, um zu sehen, wo ein Wechsel möglich ist. Dieser Abgleich wird in (6) durch die Pfeile dargestellt. Passen diese zueinander, handelt es sich um eine mögliche Sollbruchstelle. Um ein einfaches Beispiel zu geben: Im Deutschen verlangt das Verb *helfen* zwei Argumente, nämlich das Subjekt im Nominativ und ein sogenanntes „Dativobjekt", z.B. *Der Mann* [Subjekt] *hilft der Frau* [Dativobjekt]. Sollte man anstatt *Frau* die russische Entsprechung *žená* verwenden wollen, stellt sich die Frage, ob das bewerkstelligt werden kann, ohne die Grammatik beider Sprachen zu verletzen. Hier muss unser Sprecher zunächst das entsprechende Verb in beiden Sprachen mit einander abgleichen, nämlich dt. *helfen* und russ. *pomogát'*, um zu sehen, ob dieses Verb in beiden Sprachen zwei Argumente in denselben Kasus verlangen, d.h., ob *helfen* bzw. *pomogát'* ein Subjekt im Nominativ und ein Dativobjekt verlangen. Wenn das nämlich nicht der Fall ist, würde die Grammatik zumindest einer Sprache verletzt, wenn man hier wechseln würde. Da aber beide Verben ein Subjekt im Nominativ und ein Dativobjekt verlangen, kann man hier problemlos wechseln. Dies ist nicht immer der Fall; z.b. verlangt das Prädikat *madad kar* ‚helfen' im Hindi zwar ein Subjekt im Nominativ aber auch ein sogenanntes „Genitivobjekt", so dass hier zwischen Deutsch und Hindi nicht gewechselt werden kann, ohne die Grammatik zumindest einer der beiden Sprachen zu missachten.

Hier sollte hervorgehoben werden, dass dieser Abgleich meist nicht bewusst stattfindet. Das heißt nicht, dass der Abgleich nicht stattfindet, sondern nur, dass den Sprechern nicht notwendigerweise bewusst ist, dass sie das tun. Es spielt auch keine Rolle, ob sie formalen Grammatikunterricht in beiden Sprachen gehabt haben, denn solche Prozesse laufen bei uns allen ab, auch ohne dass wir es mitbekommen.

Um zu verstehen, was genau bei dieser Art der Sprachmischung passiert, müssen wir uns kurz mit der grammatischen Struktur eines einfachen Satzes im Deutschen, so wie in anderen Sprachen generell beschäftigen. Wir nehmen als Beispiel den Satz in (7) (Maas, 2008: 467, hier leicht geändert) und werden ihn Stück für Stück besprechen, um diese Strukturen näher zu erläutern.

(7)   Nun, eines Tages schenkte uns Hans einen Löwen.

Zunächst kann einem Satz ein Diskursmarker vorausgehen, der nur sehr lose zum restlichen Satz gehört. Hierbei handelt es sich u.a. um Aufrufe wie *ach! ach so!*, Pausenwörter wie *ähm*, oder andere Wörter wie *nun* in Beispiel (7). Diesem Diskursmarker folgt der eigentliche Satz, *eines Tages schenkte uns Hans einen Löwen*. Es empfiehlt sich bei solchen Untersuchungen zunächst nach dem Prädikat zu suchen, das hier aus dem Verb *schenkte* besteht. *schenkte* verlangt drei Argumente: einen Schenker, das Geschenkte, und eine beschenkte Person. In grammatischen Termini bedeutet das, dass wir ein Subjekt im Nominativ haben müssen, hier *Hans*, ein Akkusativobjekt, *einen Löwen*, und auch ein Dativobjekt, *uns*. Das Prädikat und seine Argumente machen den Satzkern aus. Alle übrigen Elemente, also alle Satzteile, die weder das Prädikat noch Argumente sind, gehören in die Peripherie des Satzes und sind adverbielle Bestimmungen (Adjunkte). Dies ist in Abbildung (8) dargestellt.

(8) Grundstruktur eines Satzes (Maas, 2008: 467, hier leicht geändert)

KERN	Hans schenkte uns einen Löwen.	
	PRÄDIKAT (Verb)	schenkte
	Arg_1 (Subjekt)	Hans
	Arg_2 (Akkusativobjekt)	einen Löwen
	Arg_3 (Dativobjekt)	uns
PERIPHERIE		eines Tages
DISKURSMARKER		nun

Wir erinnern uns auch an die Diskussion in Absatz 3.1, als wir zwischen lexikalischen und grammatischen Morphemen unterschieden haben: Während lexikalische Morpheme sich auf Sachverhalte in der Welt (ob in der wirklichen Welt oder in einer Fantasiewelt) beziehen, sorgen die grammatischen Morpheme dafür, dass wir als Zuhörer verstehen, wie die lexikalischen Morpheme zueinander passen, z.B. als Subjekt (Nominativ), Objekt (Dativ oder Akkusativ), als vergangen oder gegenwärtig (Präteritum oder Präsens), als definit (*der, die, das*) oder indefinit (*ein, eine*) usw. Auch Pronomen wie *ich, du, er, sie, es* sind grammatische Morpheme, die ausschließlich grammatische Kategorien wie Person, Numerus, Genus und Kasus ausdrücken. Damit können wir nun die Morpheme in Beispiel (7) in Bezug auf ihren Status als lexikalische (L) oder grammatische (G) Morpheme bestimmen, wie in (9) dargestellt.

(9) Lexikalische (L) und grammatische (G) Morpheme von (7) (Maas, 2008: 467, leicht geändert)

	L	G
Prädikat	schenk-	-te
Akkusativobjekt	Löwe-	einen … -n
Dativobjekt	∅	uns
Peripherie	Tag-	eines … -es

Der Grund, weshalb es so wichtig ist, zwischen lexikalischen und grammatischen Morphemen zu unterscheiden, ist, dass für gewöhnlich nicht alle Morpheme aus einer Sprache in eine andere Sprache eingebettet werden können. Zur Illustration schauen wir uns Beispiel (4) von oben noch einmal an, hier als Beispiel (10).

(10) Deutsch-Russisch
U menja eščo ne by-l-o Urlaub-a.
bei 1SG.GEN noch nicht sein-PRÄT-NOM.SG.N Urlaub-GEN.SG.M
‚Ich hatte noch keinen Urlaub.'

Bei dieser Art des Codeswitchings stammen normalerweise alle grammatischen Morpheme aus der Matrixsprache, während lexikalische Morpheme aus beiden Sprachen stammen können, sofern ihre grammatischen Höfe zu denen der anderen Sprache passen. In (10) ist die Matrixsprache eindeutig Russisch, da alle Elemente bis auf das Lexem *Urlaub* aus dem Russischen stammen. Wie erwartet, ist das einzige deutsche Morphem in diesem Beispiel ein lexikalisches Morphem. Zwar gibt es hier auch russische lexikalische Morpheme, jedoch keine deutschen grammatischen Morpheme.

Es ist umstritten, ob es immer eine eindeutige Matrixsprache bzw. eingebettete Sprache gibt. Während einige theoretische Modelle wie das „4M-Modell" im Rahmen des „MLF-Modell" (*Matrix-Language Frame Model*) von Myers-Scotton (2002; 2006) davon ausgehen, haben empirische Studien zahlreiche Ausnahmen gefunden, sodass viele ForscherInnen davon ausgehen, dass es generell weder eine klare Matrixsprache noch eine eindeutige eingebettete Sprache gibt (z.B. Gardner-Chloros, 2009; Höder, 2012; Peterson, i.D.). Da sich aber in den meisten Fällen relativ problemlos entscheiden lässt, was die Matrix- bzw. eingebettete Sprache ist und da wir uns hier vor allem mit praktischen Aspekten des Codeswitchings befassen, setzen wir diese beiden Konzepte im Folgenden voraus, wir weisen aber darauf hin, dass viele Codeswitching-Beispiele durchaus Fragen in dieser Hinsicht aufwerfen. Wenn man also mit wirklichen Daten arbeitet und sich nicht sicher ist, welche Sprache die Matrixsprache ist, sollte man am besten die Argumente aufführen, die für eine der Sprachen als Matrixsprache sprechen und dann die Argumente für die andere Sprache als Matrixsprache, und auf dieser Basis eine Entscheidung treffen. Denn es ist wesentlich wichtiger, dass man nachher in der Lage ist, ein konkretes Beispiel richtig zu beschreiben, als dass man versucht, die „richtige Antwort" zu finden, wo es vielleicht keine gibt. Man darf dabei auch nicht vergessen, dass es neben diesem intrasententielles Codeswitching auch noch inter- und extrasententiellem Codeswitching gibt, so dass man immer erst einmal die Grundstruktur des Satzes nach dem oben angegebenen Schema vornehmen sollte.

Trotz einiger Ausnahmen gibt es also klare Tendenzen in Bezug darauf, welche Elemente aus der eingebetteten Sprache stammen dürfen. Diese sind in (11) zusammengefasst. Diskursmarker können ohne weiteres aus der eingebetteten Sprache stammen, d.h. sie sind in dieser Hinsicht wenig beschränkt. Auch lexikalische Einbettungen wie *Urlaub* in Beispiel (10) sind wenig beschränkt und können aus beiden Sprachen stammen, solange ihre grammatischen Höfe zueinander passen. Viel stärker beschränkt dagegen sind die grammatischen Bindungen: Hierzu gehören vor allem grammatische Morpheme wie Person- und Kasusmarkierung, Pronomen usw. aber auch abstrakte Regeln wie Wortfolge, die normalerweise von der Matrixsprache vorgegeben werden (nach Maas, 2008: 465).

(11)   Beschränkungen bei Codeswitching vom Typ „Einfügung"

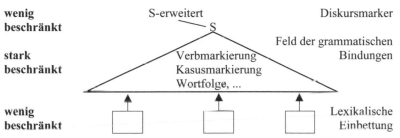

Im Folgenden wird anhand einiger konkreter Beispiele gezeigt, wie sich solche zweisprachigen Äußerungen im Detail zusammensetzen, ohne dass die Grammatik der jeweiligen Sprachen verletzt wird. Um die Diskussion zu erleichtern, werden lediglich Beispiele gewählt, deren Strukturen „satzähnlich" sind, obwohl es sich hier um spontansprachliche Strukturen handelt, damit wir die Beispiele mit den vertrauten grammatischen Begriffen analysieren können. Da die meisten LeserInnen dieses Buches bereits zumindest über Grundkenntnisse des Englischen verfügen, beginnen wir mit ein paar einfachen Beispielen aus der Literatur für deutsch-englisches Codeswitching. Danach betrachten wir einige Beispiele deutsch-russischen und deutsch-türkischen Codeswitchings.

4.2   Beispiele für Codeswitching, I: Deutsch und Englisch

Betrachten wir zunächst Beispiel (12) (aus Clyne, 2003: 76):

(12)   Die apricots in unserem backyard sind so beautiful.
         ‚Die Aprikosen in unserem Garten sind so schön.'

Wir beginnen unsere Analyse mit der Frage nach dem Prädikat. Dieses besteht aus dem Verb *sind* und dem Prädikativum *so beautiful*. Das Verb, die Kopula *sind*, ist ein rein grammatisches Morphem, während das Prädikativum *so beautiful* zumindest teilweise englisch ist: Das Adverb *so* könnte sowohl deutsch als auch englisch sein (zumindest in der Schrift), aber das Inhaltsmorphem *beautiful* ist eindeutig englisch.

Diese Art von Prädikat (= Kopula + Prädikativum) verlangt ein Subjekt im Nominativ, hier die NP *die apricots in unserem backyard*. Diese besteht zunächst aus dem englischen Substantiv *apricots* und dem deutschen bestimmten Artikel *die*. Das Substantiv wird dann durch die Präpositionalphrase *in unserem backyard* modifiziert: Diese besteht wiederum aus einer deutschen Präposition, *in*, und der NP *unserem backyard*. (Die Präposition *in* KÖNNTE zwar auch als englisch analysiert werden, der Einfachheit halber betrachten wir aber alles, was zur Matrixsprache Deutsch (s.u.) gehören kann, als Deutsch.) Diese letzte NP besteht wiederum aus zwei Teilen: Einem deutschen Possessivartikel, *unserem*, was rein grammatisch ist, und dem englischen Substantiv *backyard*. Die Form des Possessivartikels *unserem* lässt sich folgendermaßen erklären: Die Präposition *in* verlangt hier den Dativ, wobei das Substantiv *backyard* entweder als maskulin oder neutrum eingestuft worden ist (sonst hätten wir die Form *in unserer backyard*). Wir können (12) schematisch wie in (13) relativ intuitiv darstellen.

(13)

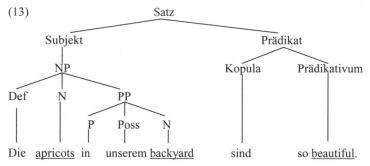

Deutsch ist hier die Matrixsprache: Die allgemeine Struktur ist deutsch und fast alle grammatischen Morpheme sind deutsch, allen voran die Kopula *sind*, der bestimmte Artikel *die* und der Possessivartikel *unserem*, der auch für Kasus (= Dativ) und Genus (= maskulin/neutrum) markiert ist. Dagegen trägt das Englische fast nur lexikalische Morpheme bei, wie *backyard* und *beautiful*, was dafür spricht, dass Englisch hier die eingebettete Sprache ist.

Diese Analyse enthält allerdings ein kleines Problem: Nicht nur lexikalische Elemente sind aus der eingebetteten Sprache, sondern auch ein grammatisches Morphem. Das Substantiv *apricots* besteht aus einem englischen lexikalischen Morphem, *apricot*, aber auch aus dem englischen grammatischen Morphem *-s* für ‚Plural'. Damit ist die Feststellung der Matrix- und eingebettete Sprache nicht ganz eindeutig, allerdings spricht einiges dafür, Deutsch hier als Matrixsprache festzulegen. Auch hier gilt allerdings, dass die endgültige Entscheidung für unsere Zwecke weniger wichtig ist, als dass wir klar angeben, wie wir zu dieser Entscheidung gekommen sind.

Wie unsere Analyse von (12) zeigt, können gelegentlich auch grammatische Morpheme aus der eingebetteten Sprache stammen. Einige grammatische Morpheme neigen häufiger dazu, aus der eingebetteten Sprache mit übernommen zu werden wie z.b. der Pluralmarker in (12) oder derivationelle Markierung, z.B. das Partizipmarkierung *-ed* in (14), aus Clyne (2003: 74).

(14) Wir machen hier <u>mixed farming</u>.
      ‚Wir machen hier <u>gemischte Landwirtschaft</u>.'

Das Prädikat in (14) besteht aus dem Verb *machen*, das ein Subjekt im Nominativ und ein Akkusativobjekt verlangt. *Wir* ist das nominative Subjekt aber anstatt eines deutschen Akkusativobjekts finden wir die englische NP *mixed farming* ‚gemischte Landwirtschaft'. Schließlich gibt es auch *hier*, das in (14) ein Adjunkt ist.

Wie für Beispiel (12) stellen wir auch für (14) fest, dass Deutsch die Matrixsprache und Englisch die eingebettete Sprache ist, da das Deutsche zwar nur wenige lexikalische Morpheme, dafür aber fast alle grammatischen Morpheme wie *wir* und *-en* ‚1PL.PRÄS' von *machen* liefert, während das Englische fast nur Inhaltsmorpheme beisteuert. Aber auch hier gilt, dass ein grammatisches Morphem aus dem Englischen mit übernommen wurde, nämlich der Partizipmarkierer *-ed*.

(15)

Dies ist in (15) schematisch dargetellt. Da aber fast alle grammatischen Morpheme aus dem Deutschen stammen und fast nur lexikalische Morpheme aus dem Englischen, betrachten wir Deutsch in Beispiel (14) als Matrixsprache. Wir halten hier fest, dass zwar einige grammatische Morpheme in (12) und (14) aus der eingebetteten Sprache Englisch übernommen wurden, dass aber Deutsch in beiden Fällen die Matrixsprache ist. Hierin zeigt sich auch, dass der Sprecher in beiden Fällen Kenntnisse nicht nur des Deutschen, sondern auch des Englischen haben muss, die über das bloße Wissen der einzelnen Inhaltsmorpheme hinausgeht, da bei beiden Beispielen auch einige grammatische Morpheme aus dem Englischen ins Deutsche übernommen wurden.

4.3 Beispiele für Codeswitching, II: Deutsch und Russisch

In diesem und im nächsten Abschnitt wollen wir uns mit einigen deutsch-russischen und deutsch-türkischen Codeswitching-Daten befassen. Dies ist vor allem deshalb wichtig, weil diese beiden Sprachen sehr häufig in deutschen Schulen gesprochen werden, sie werden allerdings nur selten in der Schule gelernt, so dass die meisten LehrerInnen hier oft unsicher sind, weil sie diese Sprachen nicht verstehen.

Für die Analyse solcher Beispiele ist es unabdingbar, dass man jemanden hat, der einem die Sätze und vor allem die einzelnen Wörter übersetzt. In den folgenden Beispielen braucht man aber keine weiteren Kenntnisse dieser beiden Sprachen, da wir uns im Folgenden vor allem damit beschäftigen werden, wo zwischen den Sprachen geswitcht wird, wofür Kenntnisse der deutschen Grammatik zunächst ausreichen werden. Beginnen wir noch einmal mit Beispiel (4), hier noch zur Erinnerung als (16) angegeben.

(16)	U	menja	eščo	ne	by-l-o	Urlaub-a.
	bei	1SG.GEN	noch	nicht	sein-PRÄT-N.SG	Urlaub-GEN.SG.M
Russisch:	....					....
Deutsch:						....
	‚Ich hatte noch keinen Urlaub.'					

Wie man sieht, handelt es sich hier um einen überwiegend russischsprachigen Satz, mit der Konstruktion „bei mir war noch nicht des Urlaubs" für die oben angegebene deutsche Übersetzung. Somit ist klar, dass Russisch die Matrixsprache ist und das eingebettete deutsche Element, *Urlaub*, ist nur ein Inhaltsmorphem in einem ansonsten russischen Wort. Dies erkennt man daran, dass das grammatische Morphem, der Genitivmarkierer -*a*, aus dem Russischen kommt und an das deutsche Inhaltsmorphem angehängt wurde.

Es ist allerdings nicht immer so einfach zu sagen, auf welcher Ebene geswitcht wurde. Betrachten wir zunächst Beispiel (17) (von Valeria Biller).

(17)   *Koška* *hat*   *abgenommen!*
         Katze

Russisch: ....

Deutsch: ....

         ‚Die Katze hat abgenommen!'

Dieser Satz wurde von jemandem geäußert, der längere Zeit nicht zuhause gewesen war und der überrascht war zu sehen, wie sehr die Katze, russ. *koška* (im Nominativ), in der Zwischenzeit abgenommen hatte. Es stellt sich aber die Frage, wo genau in (17) aus grammatischer Sicht gewechselt wird; es ist klar, dass *koška* russisch ist und alles danach deutsch, also wird zwischen *koška* und *hat* gewechselt, wie die Schattierung im Beispiel zeigt. Allerdings wissen wir noch nicht, ob *koška* hier nur ein Substantiv oder eine ganze NP ist.

koška ist eindeutig ein selbständiges Wort, also könnte man zunächst vermuten, dass auf dieser Ebene gewechselt wurde und dass die NP deutsch ist mit einem russischen Substantiv. Dagegen spricht aber die deutsche Übersetzung *Die Katze hat abgenommen!* anstatt **Katze hat abgenommen!* (das Sternchen „*" zeigt an, dass der Satz ungrammatisch ist). Das heißt, im Deutschen wird der Artikel verlangt. Im Russischen gibt es dagegen keine Artikel. Die pragmatische Unterscheidung zwischen *die Katze* und *eine Katze,* die man im Deutschen mit den beiden Artikeln vornehmen kann, kann man selbstverständlich auch im Russischen machen, aber auf andere Weise (z.B. durch die Wortstellung) und nicht mit einem Artikel. Damit ist klar, dass es sich bei *koška* nicht nur um ein russisches Wort sondern gleichzeitig um eine komplette russische NP handelt, die im Deutschen durch *die Katze* widergegeben werden muss. Die Struktur des Satzes ist in (18) dargestellt.

Nur durch eine solche Analyse lässt sich nämlich grammatisch genau festlegen, wo von einer Sprache in die andere gewechselt wurde, wodurch erst wirklich klar wird, dass der Sprecher die Sprachen nicht „irgendwie durcheinander gewürfelt" hat, sondern die abstrakte grammatische Struktur einer Sprache mit der einer anderen Sprache abgeglichen und eine passende Stelle zum Wechseln gefunden hat.

(18)

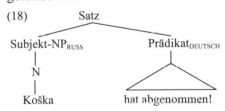

Wenden wir uns jetzt dem russisch-deutschen Beispiel in (19) (von Xenia Dulghir) zu. „STV" steht hier für „Stammvokal"; dieser sorgt dafür, dass das deutsche Inhaltsmorphem in die russische Struktur eingefügt werden kann. Anzumerken ist hier auch, dass im Russischen das Verb im Präteritum für Genus (Maskulin, Feminin oder Neutrum) und Numerus (Singular oder Plural) des Subjekts markiert ist, nicht aber für Person wie im Deutschen. Dadurch ist klar, dass das Subjekt *ja* ‚ich' in (19) eine Frau ist.

(19)   Ja   putz-a-l-a   heute   v   Büro.
           1SG.NOM   putz-STV-PRÄT-F.SG   in
Russisch: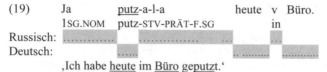
Deutsch:
           ‚Ich habe heute im Büro geputzt.'

Beispiel (19) ist wesentlich komplexer als (17), denn in Beispiel (19) wird mehrfach zwischen den beiden Sprachen gewechselt, aber auch hier stellt sich die Frage, auf welcher grammatischen Ebene gewechselt wird. Es ist in Beispiel (19) zunächst auch nicht so eindeutig wie bei den bisherigen Beispielen, welches die Matrixsprache ist.

Beginnen wir bei unserer Analyse von Beispiel (19) mit dem Prädikat – in diesem Fall das deutsche Inhaltsmorphem *putz-*. Dieses Prädikat verlangt ein Subjekt im Nominativ, hier das russische *ja* ‚ich', kann aber entweder mit oder ohne Akkusativobjekt verwendet werden; in diesem Fall wird das Prädikat intransitiv verwendet, also ohne Objekt. Alle grammatischen Morpheme, nämlich *ja* ‚ich', *-a* ‚Stammvokal', *-l* ‚Präteritum', *-a* ‚Feminin, Singular' und *v* ‚in', stammen hier aus dem Russischen. Da die Matrixsprache den grammatischen Rahmen angibt, gehen wir folglich davon aus, dass Russisch die Matrixsprache von (19) ist.

Hierdurch wird deutlich, wie wichtig es ist, den Satz genau zu beschreiben und nicht vorschnell die Matrixsprache festlegen zu wollen, denn es ist durchaus möglich, dass für einige ForscherInnen Deutsch in Beispiel (19) die Matrixsprache wäre und nicht Russisch. Solche Meinungsverschiedenheiten sind keine Seltenheit und, wie wir in Abschnitt 4.1 gesehen haben, es gibt immer mehr ForscherInnen, die das Konzept der Matrixsprache gänzlich ablehnen. Viel wichtiger ist also eine detaillierte Beschreibung der Strukturen des Beispiels als die vermeintlich „richtige" Bezeichnung der Matrixsprache.

Wenn wir mit der Analyse von (19) fortfahren, fällt zunächst auf, dass das Wort *heute* aus dem Deutschen stammt. Dass es sich hier aber nicht nur um ein einziges Wort aus dem Deutschen handelt, sondern gleichzeitig um eine ganze Satzkonstituente, sieht man u.a. daran, dass *heute* durch eine komplexere Phrase wie etwa *an diesem Tag* ersetzt werden könnte. Damit ist *heute* zwar ein Wort aber gleichzeitig auch die komplette adverbielle Phrase (AdvP), so wie *koška* in Beispiel (17) zwar ein Wort aber gleichzeitig auch eine ganze NP ist (vgl. noch einmal die Struktur in (18)). Wir wenden uns nun den letzten beiden Wörtern von (19) *zu, v Büro. v* ist eine russische Präposition mit der Bedeutung ‚in‘, während *Büro* ein deutsches lexikalisches Morphem ist. Es ist dem russischen *bjuro* zwar sehr ähnlich, aber in diesem Fall wurde eindeutig das deutsche Inhaltsmorphem verwendet. Wie sieht aber die grammatische Struktur dieser beiden Wörter aus? Zunächst haben wir eine russische Präpositionalphrase (PP), die sich aus der Präposition *v* und einer Nominalphrase (NP) zusammensetzt, die Frage ist aber, ob das deutsche Morphem *Büro* hier eine deutsche oder russische NP bildet. Die Antwort ist eindeutig: *Büro* ist eine russische NP, da wir keinen Artikel vorfinden, der aber in dieser Umgebung im Deutschen obligatorisch ist, vgl. das wohlgeformte *in dem* bzw. *im Büro* mit dem ungrammatischen **in Büro*. Damit ist *Büro* hier ein deutsches Substantiv, aber die NP insgesamt ist russisch. Wir können die Struktur von (19) schematisch wie in (20) darstellen.

(20)

Die Diskussion von Beispiel (19) zeigt auf besonders eindrucksvolle Weise, dass vermeintlich chaotische, sprachlich zusammengewürfelte Äußerungen ihren schlechten Ruf als „Sprachenmischmasch" nicht verdienen, sondern im Gegenteil hoch komplexe Gebilde sein können, die ohne zeitliche Verzögerung gesprochen werden und bei denen der Sprecher zwei Grammatiken miteinander abgleicht und sie auf solch eine Weise miteinander kombiniert, dass die Grammatiken beider Sprachen respektiert werden.

Im nächsten Abschnitt sehen wir uns einige Beispiele für deutsch-türkisches Codeswitching an. Auch hier werden wir sehen, dass es sich um hoch komplexe Strukturen handelt, für die eine gute Beherrschung beider beteiligter Sprachen notwendig ist.

4.4 Beispiele für Codeswitching, III: Deutsch und Türkisch

In diesem Abschnitt untersuchen wir einige Beispiele für deutsch-türkisches Codeswitching. Betrachten wir zunächst Beispiel (21) (aus Maas, 2008: 464 mit folgender Diskussion).

(21) Als ich in Leipzig war Lena bana   bir   şey   gönder-di //eine SMS.
                              1SG.DAT ein   Ding   schicken-PRÄT.3SG
 ,Als ich in Leipzig war, schickte mir Lena etwas, eine SMS.'

In (21) ist *eine SMS* nachträglich hinzugefügt worden und gehört somit nicht wirklich zum Satz, was durch das Zeichen „//" für „Pause" angedeutet wird. Wir beschäftigen uns also im Folgenden nur mit den Elementen davor.

Zunächst sieht es so aus, als wäre die Zuweisung der einzelnen Elemente zu Deutsch bzw. Türkisch recht eindeutig, da der Nebensatz eindeutig deutsch ist und *Lena* wie ein deutscher Name klingt.

(22)   Als ich in Leipzig war Lena bana   bir   şey   gönder-di.
                                 1SG.DAT ein   Ding   schicken-PRÄT.3SG
Deutsch: ....
Türkisch: ....
      ,Als ich in Leipzig war, schickte mir Lena etwas.'

Allerdings täuscht dieser erste Eindruck: Vgl. hier zunächst die deutsche Übersetzung mit der tatsächlichen Reihenfolge in dieser Äußerung in (23). Die relevanten Stellen sind unterstrichen.

(23) Als ich in Leipzig war, <u>schickte mir Lena</u> etwas.
    Als ich in Leipzig war, <u>Lena bana</u> bir şey <u>gönderdi</u>.

In der deutschen Übersetzung beginnt der Hauptsatz mit dem Verb *schickte*, weil der Nebensatz *als ich in Leipzig war* im Vorfeld steht, wie in (24) dargestellt. Da *schickte* kein zusammengesetztes Verb ist, ist die rechte Satzklammer in (24) nicht besetzt.

(24) **Vorfeld**   **LSK**   **Mittelfeld**   **RSK**
    Als ich in Leipzig war, schickte   mir Lena etwas.   -

Das deutsch-türkische Beispiel in (21) passt nicht in dieses Schema, da hier der Hauptsatz mit *Lena* beginnt, was die ungrammatische Struktur in (25) mit leerer linker Satzklammer zur Folge hätte.

(25) Vorfeld	LSK	Mittelfeld	RSK
*Als ich in Leipzig war,	-	Lena …	

Dies ist keine deutsche Struktur, sondern eindeutig der Anfang des türkischen Hauptsatzes *Lena bana bir şey gönderdi.* Damit ist die tatsächliche Sprachverteilung wie in (26), mit dem Wechsel vor *Lena* und nicht erst danach.

(26)   Als ich in Leipzig war Lena bana   bir   şey   gönder-di.
Deutsch: ....
Türkisch: ....
                ‚Als ich in Leipzig war, schickte mir Lena etwas.'

Betrachten wir ein letztes deutsch-türkisches Beispiel. In (27) fängt der Satz auf Deutsch an und endet auf Türkisch. Allerdings stellt sich auch hier die Frage, wo genau der Wechsel vom Deutschen ins Türkische stattfindet (aus Maas, 2008: 464).

(27) Mit   Gökhan abi   dolaş-ıyor-lar.
        Gökhan älterer.Bruder   spazieren-PRÄS-3PL
       ‚Sie gehen mit Bruder Gökhan spazieren.'

Für unsere Analyse spielt es keine Rolle, ob der Name *Gökhan* ein türkischer oder deutscher Name ist, genauso wie die Herkunft des Namens *Lena* in Beispiel (21) für dessen Analyse unwichtig war.

Im Deutschen gibt es Präpositionen wie *mit*, während das Türkische Postpositionen hat, die nach der NP stehen. So ist die türkische Äquivalente von *mit* im Sinne von ‚zusammen mit' *ile* (bzw. *yle* nach Vokalen); vgl. dt. *mit dem Bruder* und türk. *abi-yle* ‚Bruder- mit'. Somit steht fest, dass nicht nur das Wort *mit* sondern die gesamte Präpositionalphrase (PP) deutsch ist.

Eine Präposition verlangt aber eine Nominalphrase, und es stellt sich jetzt die Frage, ob die NP *Gökhan abi* in (27) deutsch oder türkisch ist. Zwar ist das Wort *abi* türkisch, aber was ist mit der Gesamtstruktur der NP? Diese ist nämlich auch türkisch, denn die deutsche Entsprechung von *Gökhan abi* wäre *Bruder Gökhan*, was nicht nur das Wort *Bruder* anstatt *abi* enthält, sondern auch die umgekehrte Reihenfolge hat. Somit ist die NP *Gökhan abi* insgesamt türkisch. Dies ergibt die mehrsprachige Struktur in (28).

(28)

Dies bedeutet aber auch, dass wir nicht einfach sagen können, dass die Satzkonstituente *mit Gökhan abi* ENTWEDER deutsch ODER türkisch ist, sie ist stattdessen gleichzeitig SOWOHL türkisch ALS AUCH deutsch, was in (29) schematisch dargestellt wird.

(29)   Mit   Gökhan abi   dolaş-ıyor-lar.
Deutsch: ████████████████████
Türkisch: ████████████████████ ....
         ‚Sie gehen mit Bruder Gökhan spazieren.'

Das Interessante an diesem Beispiel ist, dass die Grammatik beider Sprachen respektiert wird, obwohl die beiden Sprachen sehr eng miteinander verknüpft sind. Hier zeigt sich noch einmal, dass kompetentes Codeswitching ein Zeichen dafür ist, dass die jeweiligen Sprecher in beiden Sprachen zuhause sind. Wenn sie im Deutschen oder in ihrer anderen Sprache Defizite aufweisen, dann vermutlich im Bereich der Schriftsprache, womit wir uns in Kapitel 5 beschäftigen. Die Grundstrukturen beider Sprachen beherrschen sie aber durchaus, sonst wären sie nicht in der Lage, komplexe Strukturen wie die in den Beispielen auf den letzten Seiten zu produzieren.

4.5 Funktionen von Codeswitching

Es kommt gelegentlich vor, dass SprecherInnen codeswitchen, weil der Sprecher bzw. die Sprecherin sich einen Moment lang nicht an ein Wort in einer Sprache erinnert, sich dafür aber an das Wort in der anderen Sprache erinnert und dieses auch benutzen darf, weil alle Gesprächspartner beide Sprachen verstehen. Dies ist nichts Ungewöhnliches, da wir alle – auch Einsprachige – gelegentlich nicht sofort das richtige Wort finden. Häufiger jedoch erfüllt Codeswitching durchaus eine Funktion innerhalb des Diskurses, auch wenn dies den Sprechern selbst nicht immer bewusst ist, genauso wie Intonation den Unterschied zwischen einer Frage und einer Aussage ausmachen kann, ohne dass der Sprecher sich in dem Moment bewusst ist, dass er mit der Stimme z.B. nach oben oder nach unten geht. In diesem Abschnitt beschäftigen wir uns mit einigen dieser Funktionen. Diese Liste ist zwar nicht vollständig, sie reicht aber aus, um einen ersten Eindruck zu vermitteln, wie Codeswitching Mehrsprachigen als zusätzliche Ressource zur Verfügung steht.

Die vielleicht häufigste Funktion des Codeswitchings ist es, bestimmte Teile des Satzes zu FOKUSSIEREN, d.h., sie als besonders wichtige Information im Satz hervorzuheben.

In (30) aus Maas (2008: 476, hier leicht verändert).werden die deutschen Einschübe *gemütlich* und *romantisch* in einem ansonsten russischen Satz durch den Sprachwechsel als fokussiert markiert. In ihrer Studie zum deutsch-russischen Codeswitching konnte Kaschubat (2004) zeigen, dass ca. 90% solcher Wechsel zwischen Deutsch und Russisch im rhematischen Bereich vorkommen. Damit ist Fokussierung eine der Hauptfunktionen des Codeswitchings.

(30) Deutsch-russisch

tam	na	fortepjano	igrajut	nu	otšen	gemütlich
dort	auf	Klavier	sie.spielen	nun	sehr	
vot	tak	tšisto	posidet'	romantisch.		
da	so	einfach	sitzen			

‚Man spielt da Klavier. (Es ist) sehr gemütlich. Man sitzt da einfach romantisch.'

Oft stammen auch AUSRUFE aus einer anderen Sprache als der Rest des Satzes, wie in Beispiel (31) (nach Maas (2008: 469); vgl. Beispiel (2) in Abschnitt 4.1).

(31) Deutsch-Finnisch

Ach	on-k	su-ll	kiire?
	ist-FRAGEPARTIKEL (< on-ko)	2SG-ADESS (< sinu-lla)	Eile

‚Ach, du hast es eilig?'

Eine weitere häufige Funktion des Codeswitchings ist es, (mehr oder weniger wörtliche) ZITATE in der Sprache wiederzugeben, in der sie gesprochen wurden. Ein Beispiel hierfür ist (32), zwischen Hindi und Englisch, wobei das Gesagte im Englischen wiedergegeben wird, um anzudeuten, dass es ursprünglich auf Englisch gesprochen wurde, was der Aussage eine gewisse „Echtheit" verleiht (Gumperz, 1982: 76).

(32) Hindi-Englisch

to maĩne əpne bhaiko bola ki "If you come to Delhi you must buy some lunch."

‚Dann sagte ich meinem Bruder „Wenn du nach Delhi kommst, musst du das Mittagessen kaufen".'

Mit Codeswitching kann man auch signalisieren, mit wem man spricht, z.B. wenn man die Sprache wechselt, um eine Person anzusprechen, die neu zur Gruppe hinzugekommen ist, wie im folgenden Beispiel aus Gumperz (1982: 77, leicht geändert). Diese Funktion nennt man ADRESSATSPEZIFIZIERUNG.

(33) Hindi-Englisch:

A: Sometimes you get excited and then you speak in Hindi, then again you go on to English.

B: No nonsense, it depends on your command of English.

B: [dreht sich zu einem Mann, der soeben hinzugekommen ist, nachdem er zur Tür gegangen war, da es geklingelt hatte] kaun hai, bhai?

A: Manchmal wird man aufgeregt und spricht dann Hindi, dann führt man auf Englisch wieder fort.

B: Nein, Unsinn, es hängt davon ab, wie gut man Englisch kann.

B: <u>Wer ist es?</u>

Die letzte Funktion des Codeswitchings, mit der wir uns hier beschäftigen werden, ist die der WIEDERHOLUNG. Hierbei wird der Inhalt einer Äußerung mehr oder weniger wörtlich in der zweiten Sprache wiederholt, wie in (34), von Gumperz (1982: 78).

(34) Englisch-Spanisch:
The three old ones spoke nothing but Spanish. Nothing but Spanish. <u>No hablaban inglés.</u>
‚Die drei Älteren sprachen nichts als Spanisch. Nichts als Spanisch. <u>Sie sprachen kein Englisch.</u>‘

Wie selbst diese kurze Einführung zeigt, wechseln mehrsprachige Menschen keineswegs willkürlich von einer Sprache in eine andere, sondern meist erfüllt der Wechsel eine bestimmte Diskursfunktion. Hier wird noch einmal deutlich, dass es sich beim Codeswitching um eine ZUSÄTZLICHE RESSOURCE handelt, die nur mehrsprachigen Sprechern zur Verfügung steht und die gute Kenntnisse BEIDER Sprachen voraussetzt.

4.6 Deutsches Türkisch und „Türkendeutsch": Mehrsprachigkeit in beide Richtungen

Wenn Menschen in Deutschland leben aber zuhause eine andere Sprache als Deutsch sprechen, lernen sie fast immer zusätzlich zu ihrer Familiensprache auch Deutsch. Das ist allgemein bekannt. Weit weniger bekannt ist aber, dass viele Menschen deutscher Abstammung, die zuhause entweder Hochdeutsch oder einen deutschen Dialekt sprechen, auch Türkisch lernen. Diese Türkischkenntnisse können von passiven Kenntnissen einiger weniger Wörter bis hin zur guten, aktiven Beherrschung des Türkischen reichen. Somit ist Zweisprachigkeit keine Einbahnstraße, wo nur Menschen mit Migrationshintergrund Deutsch lernen, sondern durchaus etwas, was in beide Richtungen geht.

Unbemerkt von den meisten Menschen ist dies typisch für viele deutsche Großstädte, wo vor allem jugendliche Deutschstämmige bzw. Menschen mit Migrationshintergrund, die aber nicht türkischer Abstammung sind, Kenntnisse des Türkischen erwerben. Dirim & Auer (2004) präsentieren in ihrer Studie einen Überblick über solche Jugendliche in Hamburg. Dabei reichen die Türkischkenntnisse der ProbandInnen von recht oberflächlichen Kenntnissen bis hin zur guten, aktiven Beherrschung des Türkischen. Genauso unterschiedlich wie der Grad der Beherrschung des Türkischen ist auch die individuelle Motivation, Türkisch zu lernen: Während für einige das Türkische ein Symbol der gefühlten Zugehörigkeit zur türkischen Kultur ist, begreifen andere Türkischkenntnisse eher als Zusatzqualifikation, die sich positiv auf ihre berufliche Zukunft auswirken kann. Andere wiederum sehen im Türkischen u.a. eine allgemeine Abgrenzung zum Elternhaus oder zur größeren deutschen Gesellschaft (vgl. Dirim & Auer, 2004: 48-69).

Die sprachliche Abgrenzung einer Gruppe von einer anderen muss aber nicht immer durch eine komplett neue Sprache erfolgen. Ein bekanntes Beispiel sind sogenannte Jugendsprachen, mit deren Hilfe junge Menschen sich sprachlich abgrenzen. Eine weitere Möglichkeit sind sogenannte **Ethnolekte**, d.h. sprachliche Varietäten, die als typisch für eine bestimmte Ethnie angesehen werden. Ein Beispiel dafür ist eine Form des Deutschen, die unter verschiedenen Namen bekannt ist, von denen die zwei geläufigsten „Türkendeutsch" und „**Kiezdeutsch**" sind. Es handelt sich hierbei um eine Variante des Deutschen, die in etwas unterschiedlichen Formen in vielen deutschen Großstädten vorkommt und die von der Gesellschaft meist als „typisch türkisch" angesehen wird. Aus diesem Grund wird sie oft als Ethnolekt betrachtet, auch wenn dies beim genaueren Hinsehen nicht der Wirklichkeit entspricht. Im Folgenden beschränken wir uns auf das sogenannte „Kiezdeutsch" aus Berlin und Umgebung, wie dies in Wiese (2012) beschrieben wird. Betrachten wir zunächst Beispiel (35), aus Wiese (2012. 9).

(35) Heute muss isch wieder Solarium gehen.

In (35) fallen mehrere Merkmale auf, die für das Kiezdeutsche typisch sind und die viele Menschen wie selbstverständlich auf fehlende Deutschkenntnisse bzw. auf Einflüsse des Türkischen zurückführen. Man sollte sich hier aber, genauso wie es auch beim Codeswitching der Fall war, fragen, ob diese Annahme auf einer wissenschaftlichen Auseinandersetzung mit echten Daten basiert.

Das Erste, was hier als vermeintlich untypisch fürs Deutsche auffällt, ist die Tatsache, dass die Richtungsangabe *Solarium* aus einem bloßen Substantiv besteht, anstatt aus einer Präpositionalphrase mit einer NP mit definitem Artikel und Substantiv, z.B. *ins Solarium*. Jedoch argumentiert Wiese (2012: 53-59), dass dies durchaus ein typisches Merkmal des gesprochenen Deutschen ist und dass es ihr nicht nur im Kiezdeutschen sondern auch bei vielen Studierenden aufgefallen sei (ebd., S. 53). So hörte sie z.B. bei Handygesprächen im Zug zwischen Potsdam und Berlin Äußerungen wie *Wir sind gleich Alexanderplatz.* oder *Ich steige heute Hauptbahnhof um.* (ebd., S. 54). Hier sollte noch einmal auf den Unterscheid zwischen Schriftsprache und gesprochener Sprache bzw. oraten und literaten Strukturen (Abschnitte 3.5 und 3.6) hingewiesen werden: Solche Äußerungen entsprechen nicht der schriftsprachlichen Norm, sie sind aber zumindest in einigen Regionen Deutschlands typisch für gesprochene Sprache. Das heißt, auch wenn dieses Merkmal typisch für das Kiezdeutsche sein mag, das oft von Menschen mit Migrationshintergrund gesprochen wird, wäre es falsch zu glauben, dies müsse an mangelhaften Deutschkenntnissen liegen.

Ähnlich verhält es sich bei dem Wort, das in (36) als <isch> widergegeben wird; wo das, was mit <sch> geschrieben wird, einem [ʃ] im Internationalen Phonetischen Alphabet (IPA) entspricht. Wie Wiese (ebd., S. 38) schreibt, finden wir in vielen deutschen Dialekten anstatt [ç] (dem sogenannten „ich-Laut") oft ein [ɕ] oder [ʃ], insbesondere in den mitteldeutschen Regionen aber auch im Berliner Raum, in dem Wiese ihre Untersuchungen zum Kiezdeutschen durchführte. Mit anderen Worten: Es handelt sich auch hier um ein Merkmal des Kiezdeutschen, das in anderen Varietäten des Deutschen vorkommt, und nicht um mangelhafte Deutschkenntnisse.

Wiese (2012) bespricht weitere typische Merkmale des Kiezdeutschen, darunter das häufige Fehlen eines wortfinalen [ə], geschrieben <e>, wie z.b. in *Ich frag mein Schwester* (ebd., S. 60). Dies ist zwar ein sehr auffälliges Merkmal des Kiezdeutschen, es ist aber auch im Hochdeutschen zu finden, wenn auch in etwas anderer Form. Das besonders Auffällige an diesem Beispiel ist, dass es hier *mein Schwester* heißt und nicht die Standardform *meine Schwester.* Allerdings wird das wortfinale [ə] im Deutschen regelmäßig weggelassen, wenn es im Wortauslaut eines Verbs in der 1. Person, Singular im Präsens steht, z.B. [fʁak] statt [ˈfʁa.gə] <(ich) frage> in diesem Beispiel. Das Weglassen des wortfinalen [ə] im Kiezdeutschen ist also vielleicht häufiger und anders verteilt als im Hochdeutschen, es ist aber nichts, was es dort nicht auch gäbe.

Das bedeutet nicht, dass die unterschiedlichen Herkunftssprachen der Sprecher des Kiezdeutschen gar keine Rolle bei dessen Herausbildung gespielt haben; wir finden eine Reihe von Wörtern, die nachweislich aus dem Türkischen oder Arabischen stammen. Vgl. die Beispiele in (36), aus Wiese (2012: 38).

(36)

Kiezdeutsch	**Herkunftssprache**
lan ‚Typ; Mann' (eher negativ)	Tükisch: ulan ‚Kerl'
moruk ‚Alter'	Türkisch: wörtlich: ‚alter Mann'
wallah ‚echt!'	Arabisch: wörtlich: ‚und Allah' / ‚bei Allah'
yallah ‚los!'	Arabisch: ya 'allah
hadi çüs ‚Tschüss; mach's gut!'	Türkisch: haydi ‚los/komm' + çüs ‚Ruf gegenüber Eseln u.ä.' (ausge sprochen wie *Tschüss*)
abu ‚ey!' (eher negativ)	Arabisch: wörtlich: ‚Vater'

Es handelt sich in (36) zwar um sehr häufige (und vor allem sehr bekannte) Wörter, diese Liste ist aber sehr klein im Vergleich zum übrigen Wortschatz des Kiezdeutschen, während die meisten anderen kiezdeutschen Wörter mit ihren hochdeutschen Entsprechungen fast identisch sind. Es fällt auch auf, dass es sich bei den Formen in (36) fast ausschließlich um Ausrufe handelt. In den letzten Abschnitten haben wir gesehen, dass solche Ausrufe sehr häufig aus der eingebetteten Sprache in die Matrixsprache übernommen werden können, da diese sehr wenig beschränkt sind (vgl. noch einmal (31) auf S. 65). Insofern ist es wenig verwunderlich, dass gerade solche Wörter aus anderen Sprachen kommen: Dadurch, dass Ausrufe ohne weiteres in die Matrixsprache übernommen werden können, werden die Wörter in (36) vermutlich häufig als Codeswitching vorgekommen sein, so dass auch Einsprachige sie im Laufe der Zeit als Lehnwörter gelernt haben. Damit sind sie nun zu einem festen Bestandteil des kiezdeutschen Wortschatzes geworden.

Schließlich beherrschen wohl die meisten Jugendlichen, die Kiezdeutsch untereinander verwenden, sehr wohl das gesprochene Standarddeutsche ihrer Umgebung, und viele von ihnen sprechen auch zuhause Deutsch. Das Kiezdeutsch besetzt für sie nur ein ganz bestimmtes Register, nämlich informell bis intim in Gesprächen mit anderen Jugendlichen, die sich mit bestimmten Werten und Eigenschaften (z.B. Großstadtkultur, Jugendkultur, Multikulturalität, Außenseiterrolle usw.) identifizieren. Auch wenn die Jugendlichen oft Türkisch, Arabisch, Russisch oder eine andere Sprache zuhause sprechen und Kiezdeutsch mit ihren Freunden verwenden, haben sie meist keine Probleme damit, sich mit Menschen, die Kiezdeutsch nicht sprechen, auf Hochdeutsch zu unterhalten. Auch das muss man berücksichtigen, bevor man Kiezdeutsch auf mangelhafte Deutschkenntnisse zurückführt.

4.7 Zusammenfassung

In diesem Kapitel haben wir uns mit einigen Facetten der Mehrsprachigkeit, vor allem mit Codeswitching, beschäftigt. Durch die Analyse von Codeswitching-Beispielen aus drei Sprachpaaren konnten wir zeigen, dass kompetentes Codeswitching nicht auf mangelnde Sprachkenntnisse zurückgeht, sondern im Gegenteil der Beweis dafür ist, dass der jeweilige Sprecher in beiden Sprachen „zuhause" ist, da Elemente aus beiden Sprachen so kombiniert werden, dass die Grammatik beider Sprachen nicht verletzt wird. Statt also ein sprachlicher „Mischmasch" zu sein, erfüllt Codeswitching vielmehr eine Reihe von Diskursfunktionen wie z.b. die Hervorhebung von Information.

Im letzten Abschnitt haben wir gesehen, dass Mehrsprachigkeit auch in Deutschland in beide Richtungen geht: Zwar lernen meist Menschen mit Migrationshintergrund zusätzlich zu ihrer Familiensprache Deutsch, es gibt aber gerade in Großstädten Menschen, die zuhause Deutsch sprechen, die aber zusätzlich Türkisch lernen. Schließlich gibt es Varietäten des Deutschen, wie das sogenannte Kiezdeutsch, die oft von Jugendlichen mit Migrationshintergrund gesprochen werden. Viele glauben zwar, es handele sich hierbei um den misslungenen Versuch, Deutsch zu lernen, doch stellt man beim genaueren Hinsehen fest, dass es trotz einiger Einflüsse aus anderen Sprachen im Wesentlichen eine Variante des Deutschen ist – mit Merkmalen, die man auch anderswo im Deutschen findet.

Grundbegriffe: bilingual, Einfügen, eingebettete Sprache, Entlehnung, Ethnolekt, Kiezdeutsch, Matrixsprache, Sollbruchstellen

5. Schreiben (nicht nur) im Kontext der Migration

Da der erfolgreiche Erwerb der Schriftsprache von zentraler Bedeutung für den schulischen und späteren beruflichen Erfolg ist, widmen wir uns in diesem Kapitel dem Thema Schriftspracherwerb, vor allem im Kontext der Migration.

5.1 Begriffsklärung: Orthographie, Graphematik und Schriftsprache

Bei der Orthographie geht es darum, wie man „richtig" schreibt. Der Terminus setzt sich aus den altgriechischen Stämmen *ortho*- 'aufrecht; dem Gesetz gemäß' und *graph*- ‚schreiben' zusammen und bedeutet demnach ‚Rechtschreibung'. Es geht bei der Orthographie also darum, nach den Regeln einer allgemein akzeptierten Autorität zu schreiben. Im Gegensatz dazu ist die Graphematik ein Teilbereich der Linguistik, der das schriftsprachliche Wissen der SchreiberInnen beschreibt. Hier gibt es weder „richtig" noch „falsch", stattdessen versucht man in der Graphematik, die „innere Logik" objektiv zu beschreiben, die dem Schreiber bzw. der Schreiberin zur Verfügung steht, ohne sie dabei zu bewerten. Schließlich gibt es die Schriftsprache im weiteren Sinne. Auch hier gelten selbstverständlich die Regeln der Orthographie, doch ist die Schriftsprache wesentlich mehr als nur „richtig buchstabieren": Hier geht es vor allem um literate Strukturen und deren Erwerb in der Schule. Im Folgenden befassen wir uns daher neben der Orthographie auch mit der Schriftsprache in diesem Sinne.

5.2 Orthographie als modulares System

Bei der Orthographie denken die meisten Menschen sicherlich zuerst an die mehr oder weniger direkte Übertragung von Lauten in Buchstaben, aber auch wenn die deutsche Orthographie tatsächlich sehr stark phonographisch orientiert ist (also ein Schriftsystem, das zu einem erheblichen Teil lautlich motiviert ist), spielen auch andere Faktoren eine wichtige Rolle, die vor allem der Entzifferung des Textes durch den Leser bzw. die Leserin erleichtern soll. So beschreibt Maas (1992: 43) die Orthographie als „Fixierung der grammatischen Artikulation eines Textes mit Hilfe phonographischer Darstellungsmittel", was einerseits zwar die phonographische, lautorientierte Komponente der Orthographie hervorhebt, andererseits aber auch zum Ausdruck bringt, dass der durch das Schreiben entstandene Text gleichzeitig grammatisch enkodiert ist, was seine spätere Lektüre erheblich erleichtert.

Die deutsche Orthographie kann in verschiedene Module, d.h. relativ unabhängige aber interagierende strukturelle Bereiche, unterteilt werden, die einen hohen Grad an Regularität aufweisen. Nach Maas (2008: 365-366) handelt es sich um folgende Module, mit denen wir uns nun etwas näher befassen werden: Textgliederung, Wortausgliederung, grammatische Markierung und phonographische Repräsentation.

a. *Textgliederung*. Auf dieser Ebene der Analyse geht es um die Organisation des Textes in Sätzen. Hierzu gehören u.a. Interpunktion, die Gliederung komplexer Sätze usw.

b. *Wortausgliederung.* Auch wenn die Wortausgliederung vielleicht zunächst trivial erscheint, handelt es sich hier tatsächlich um eine erhebliche Hürde beim Schrifterwerb, da in gesprochener Sprache Wörter nur sehr selten einzeln vorkommen. Vielmehr werden Wörter in einer Äußerung normalerweise als Teil eines kontinuierlichen Redeflusses ausgesprochen, die der Schreibanfänger bzw. die Schreibanfängerin isolieren muss. Vgl. Beispiel (1) aus Maas (2008: 338, hier leicht modifiziert) (vgl. auch Beispiel (17) in Abschnitt 3.6).

(1) phonetisch: [deɐ.ˈʔoː.pa.hat.ʔn̩ˌˈbiːɐ.gə.tʀʊŋ.ʔn̩]
    orthographisch: <Der Opa hat ein Bier getrunken.>

Zusätzlich zum kontinuierlichen Redefluss wird die Wortausgliederung auch dadurch erschwert, dass Explizitlautungen in alltäglicher Rede oft nicht vorkommen; vgl. [ʔn̩] in (1) für orthographisch <ein>. Auch wird der indefinite Artikel oft so stark „reduziert", dass er nur als [n] artikuliert wird, vgl. z.B. [zon], geschrieben <so ein>. Ähnliches gilt für viele andere Formen, z.B. das Pronomen *es*, vgl. [ʔɪç.ˈhabs], geschrieben <Ich habe es>.

c. *Grammatische Markierungen.* Diese können in zwei Gruppen unterteilt werden:
   (i) Die „morphologisch möglichst konstante Repräsentation lexikalischer bzw. grammatischer Formen" (ebd., 366), oft „Stammprinzip" oder „morphologisches Prinzip" genannt. Diese verlangt, dass verwandte Wörter möglichst ähnlich geschrieben werden, sofern dies nicht mit anderen Regularitäten im Widerspruch steht. So schreibt man die Verbform [fɛltʰ] als <fällt> und nicht als *<felt>, da es eine Wortform von <fallen> ist, und [hʊntʰ] als <Hund> und nicht als *<Hunt>, weil es mit <Hundes> [ˈhʊn.dəs] (Genitiv) und <Hunde> [ˈhʊn.də] (Plural) verwandt ist.
   (ii) Die „satzinterne Majuskel zur Ausgliederung von expandierten (expandierbaren) Nominalgruppen" (ebd.), wobei „Nominalgruppe" unserer Verwendung des Terminus „Nominalphrase" entspricht. Das heißt, der Kern einer durch Attribute erweiterbaren Nominalphrase wird großgeschrieben, z.B. das unterstrichene Element in [*der nette Kellner*] oder [*einen guten Abend*]. Diese Analyse geht zurück auf Maas (1992: 156-172) und hat gegenüber der „traditionellen" Sichtweise, in der man „Substantive" großschreibt, mehrere Vorteile, u.a. weil es sich oft als schwierig herausstellt, festzulegen, was unter „Substantiv" zu verstehen ist. Bei dieser Analyse handelt es sich um eine SYNTAKTISCHE Analyse, also eine Analyse der Satzstruktur, anstatt um eine LEXIKALISCHE, in der

Wortarten im Lexikon festgelegt werden. Vgl. zur Erläuterung folgende Beispiele (nach Maas, 1992: 161, hier um ein Beispiel ergänzt):

(2) a. Der gute alte <u>M</u>ann wird siegen.   b. Der gute <u>A</u>lte wird siegen.
     c. Das <u>G</u>ute wird siegen.

<gute> und <alte> modifizieren in (2a) den Kern der NP, <Mann>; deshalb wird <Mann> hier großgeschrieben und <gute> und <alte> klein. Man könnte hier meinen, dies liege daran, dass *Mann* ein Substantiv ist und *gut* und *alt* Adjektive (was auch stimmt!), weshalb sie in Bezug auf Groß- und Kleinschreibung unterschiedlich behandelt werden. Allerdings sehen wir in (2b), dass <Alte> großgeschrieben ist, weil es hier den Kern der NP bildet. <gute> ist in diesem Beispiel ein Attribut des Kerns und wird deshalb kleingeschrieben. Sollte *gut* aber selbst der Kern der NP sein, wie in (2c), wird es selbstverständlich auch großgeschrieben. Mit anderen Worten kann auch ein Wort, das im Lexikon als Adjektiv (oder eine andere Wortklasse) aufgeführt wird, den Kern einer NP bilden und damit auch großgeschrieben werden.

Diese Sichtweise ist nicht nur in der Lage, die satzinterne Großschreibung sehr genau vorherzusagen, es bietet auch viele praktische Vorteile im Schulunterricht. So es ist jetzt z.B. oft der Fall, dass SchülerInnen die satzinterne Majuskel so erklärt wird, dass man „Hauptwörter" oder „Substantive" großschreibt; diese erkennt man daran, dass sie nach einem Artikel stehen können. Dies führt allerdings sehr häufig zu Problemen, wenn das Substantiv durch ein Adjektiv modifiziert wird, vgl. <die Braune Hose> (Röber-Siekmeyer, 1999: 67). Hier sind nicht die SchülerInnen sondern die jeweilige Lehrmethode das Problem; die Kinder machen lediglich das, was ihnen beigebracht wurde.

d. Die *phonographische Repräsentation*. Auf dieser Ebene geht es um die „subsyllabisch[e] Segmentierung der zu schreibenden Formen" (Maas, 2008: 366). Es ist üblich, diese Ebene mithilfe der sogenannten „Graphem-Phonem-Korrespondenzen" (GPK) zu beschreiben. Phoneme sind die kleinsten Einheiten, die in der gesprochenen Sprache bedeutungsunterscheidend sind. So sind [z] und [n] im Deutschen Phoneme, da sie z.B. das Wort [zɔnə] <Sonne> vom Wort [nɔnə] <Nonne> unterscheiden. Solche Wörter nennt man Minimalpaare, da sie sich lediglich in Bezug auf ein Phonem unterscheiden, hier das wortinitiale [z] bzw. [n]. Das Phoneminventar des Deutschen, das hier zugrunde gelegt wird, ist in (3) angegeben, von Fuhrhop (2006^2: 8), ursprünglich aus Eisenberg (2004: 93).

(3) Plosive: /p/, /b/, /t/, /d/, /k/, /g/, /ʔ/
     Frikative: /f/, /v/, /s/, /ʃ/, /z/, /ç/, /j/, /h/
     Nasale: /m/, /n/, /ŋ/   Liquide: /l/, /ʀ/
     Vokale: /ɪ/, /i/, /ʏ/, /y/, /ʊ/, /u/, /ɛ/, /e/, /œ/, /ø/, /ɔ/, /o/, /a/, /ɑ/, /æ/, /ə/

Vielen dieser Phoneme entspricht ein einfaches Graphem, die klein-
ste bedeutungsunterscheidende Einheit in der Schrift. So entspricht
dem Phonem /p/ meist ein <p> in der Orthographie und dem /t/
meist ein <t>. Doch ist diese Beziehung oft etwas indirekter u.a.
deswegen, weil einige Grapheme aus mehreren Buchstaben bestehen (sogenannte Mehrgraphe) – vgl. <sch> für das Phonem /ʃ/ –
während andere Grapheme gleich für mehrere Phoneme stehen
können, etwa <o>, was sowohl für /ɔ/ als auch für /o/ stehen kann.
Für andere wiederum, wie den Glottalverschluss /ʔ/, gibt es gar
kein entsprechendes Graphem, so dass zwar viele orthographische
Wörter im Deutschen mit einem Vokalzeichen beginnen, allerdings
beginnen phonologische Wörter im Deutschen nie mit einem Vokal;
vgl. <an> vs. [ʔan], <auf> vs. [ʔaʊf]. Für solche Graphem-Phonem-
Korrespondenzen gibt es mehrere Vorschläge, die sich meist nur
leicht unterscheiden. Fuhrhop (2006[2]: 9-11), Eisenberg (2004: 307-
309) folgend, gibt die Graphem-Phonem-Korrespondenzen in (4)
für das Deutsche an:

(4) **Konsonantische Phoneme**

/p/	→	<p>	/f/	→	<f>	/h/	→	<h>
/t/	→	<t>	/s/	→	<ß>	/m/	→	<m>
/k/	→	<k>	/z/	→	<s>	/n/	→	<n>
/b/	→	<b>	/ʃ/	→	<sch>	/ŋ/	→	<ng>
/d/	→	<d>	/ç/	→	<ch>	/l/	→	<l>
/g/	→	<g>	/v/	→	<w>	/ʀ/	→	<r>
/kv/	→	<qu>	/j/	→	<j>	/ts/	→	<z>

Vokalische Phoneme

<u>Monophthonge</u> (ein Vokal im Kern der Silbe)

			Beispiele				Beispiele
/i/	→	<ie>	<Kiel>	/ɪ/	→	<i>	<Milch>
/y/	→	<ü>	<wüst>	/ʏ/	→	<ü>	<hübsch>
/e/	→	<e>	<wem>	/ɛ/	→	<e>	<Welt>
/ø/	→	<ö>	<schön>	/œ/	→	<ö>	<Köln>
/æ/	→	<ä>	<Bär>				
/ɑ/	→	<a>	<Tran>	/a/	→	<a>	<kalt>
/o/	→	<o>	<Ton>	/ɔ/	→	<o>	<Frost>
/u/	→	<u>	<Mut>	/ʊ/	→	<u>	<Butter>
<u>Reduktionsvokal</u>				/ə/	→	<e>	<Kirche>

<u>Diphthonge</u> (zwei Vokale im Kern der Silbe)
/ai/ → <ei>   /au/ → <au>
/ɔi/ → <eu>

Auch wenn diese GPK für die meisten Menschen das Wesen der deutschen Orthographie ausmachen, kommen weitere Faktoren in diesem Modul hinzu, die eine Eins-zu-Eins-Zuordnung zwischen Graphem und Phonem unmöglich machen. Hierzu gehören die sogenannten „silbischen Schreibungen", mit denen wir uns hier aus Platzgründen nicht im Detail beschäftigen können, etwa das sogenannte „Dehnungs-h" (vgl. <lehnt>, s.u.), das „silbentrennende" oder „silbeninitiale-h" (vgl. <sehen>) sowie die Verdoppelung von Vokalen und vor allem Konsonanten (<paar>, <Mitte>, Letzteres auch als „Schärfung" bezeichnet), die nur unter Betrachtung der Eigenschaften der Silbe erklärt werden können (vgl. die entsprechenden Kapitel bei Fuhrhop, 2006² oder Maas, 1992).

Man darf bei den in (4) aufgelisteten Zuordnungen auch nicht vergessen, dass diese in erster Linie der Beschreibung der Zuweisung einzelner Phoneme zu den einzelnen Graphemen dienen; sie eignen sich allerdings nur bedingt für den Unterricht beim Schrifterwerb mit Kindern. Zunächst handelt es sich bei Phonemen um eine Abstraktion, denn beim Sprechen werden nicht einfach einzelne „Laute" wie [k] und [ɪ] in /kɪk/ oder [k] und [ʊ] in /kʊk/ nach einander ausgesprochen. Vielmehr hängt die genaue Qualität eines „Lautes" von seiner Umgebung ab, so dass ein „k" – besser: das Phonem /k/ – anders realisiert wird, wenn es von einem /ɪ/ gefolgt wird, als wenn es von einem /ʊ/ gefolgt wird. Dies merkt man, wenn man z.B. <kicken> /kɪkən/ ~ <gucken> /kʊkən/ hintereinander ausspricht und dabei auf die Form der Lippen und auf die Zungenposition beim /k/ achtet, die in beiden Fällen unterschiedlich sind. Hier spricht man von Koartikulation, bei der ein Laut durch die Laute in seiner Umgebung beeinflusst wird. Das heißt, es sind die einzelnen Phone, also die tatsächlichen Realisierungen dieser abstrakten Phoneme, die wir artikulieren und wahrnehmen, wohingegen Phoneme abstrakte Einheiten sind, die wir weder hören noch artikulieren können. Die „Existenz" dieser Phoneme (sofern man von der Existenz einer Abstraktion sprechen kann), leitet sich aus der Ähnlichkeit und der Verteilung der einzelnen Phone zueinander ab und ist als rein theoretisches Konstrukt zu verstehen. Es wundert dann wenig, dass Kinder zu Beginn des Orthographieerwerbs meist nicht in der Lage sind, Phoneme zu erkennen.

Um die einzelnen Phoneme zu isolieren, schlägt Maas (ebd.) vor, den Kindern Fragen wie die folgende zu stellen: „Was haben *Katze:*

Kind: Kegel: Konrad: Kugel... gemeinsam, das sie von *Band: binden: beten: Boot: Bude...* unterscheidet?" Auf diese Weise werden den Kindern die Allophone der Phoneme /k/, d.h. die verschiedenen, tatsächlich auftretenden Realisierungen dieses Phonems (z.B. [kʰ], [k], [kʷ], [kʲ] usw.) nebeneinander und kontrastierend mit denen von /b/ präsentiert, so dass die Kinder /k/ und /b/ als phonübergreifende Abstraktionen erkennen. Dann erst kommen Graphem-Phonem-Korrespondenzen wie die in (4) zum Einsatz.

Dieser Ansatz bildet auch die Basis für die sogenannte „Silbenanalytische Methode" in der Pädagogik, die seit mehreren Jahren erfolgreich umgesetzt wird und die sich übrigens auch bei der Vermittlung weiterer Bereiche wie etwa der Schreibung „kurzer" vs. „langer" (besser: ungespannter vs. gespannter) Vokale wie /ʊ/ vs. /u/ oder /ɪ/ vs. /i/ als hilfreich erweist (vgl. z.B. Röber, 2009).

Die hier dargestellte modulare Sicht der Orthographie erlaubt uns eine sehr feinkörnige Analyse der Schreibleistungen von SchülerInnen, denn sie geht grundsätzlich davon aus, dass SchriftlernerInnen die verschiedenen Module in unterschiedlichem Maß beherrschen können (vgl. Maas, 2008: 366). So kann es z.B. bei SchülerInnen mit Migrationshintergrund der Fall sein, dass sie die phonologische Struktur des Deutschen noch nicht gemeistert haben, weshalb auf dem Gebiet der phonographischen Repräsentation relativ viele Fehler zu erwarten sein könnten, aber möglicherweise andere Bereiche des Systems wie etwa die der Textstrukturierung bereits gut beherrschen. Um solchen SchülerInnen die notwendige Selbstsicherheit beim Schriftspracherwerb zu geben, ist es wichtig, dass ihre bereits erbrachten Leistungen trotz noch bestehender Defizite in anderen Modulen anerkannt oder valorisiert (vom lat. *valor* ‚Geltung‘) werden, denn SchülerInnen – wie alle Menschen – lernen besser, wenn sie Erfolgserlebnisse haben; dann sind sie eher bereit, Neues in Angriff zu nehmen. Diese modulare Sicht auf das Schreiben ermöglicht es der Lehrkraft also, den SchülerInnen ihre Schwächen, aber auch ihre Stärken deutlich zu machen, was für den Orthographieerwerb insgesamt förderlich ist.

Als Beispiel dafür, dass (u.a.) SchülerInnen mit Migrationshintergrund durchaus einige dieser Module gut beherrschen, ohne dabei notwendigerweise die phonographische Struktur des Deutschen gemeistert zu haben, wenden wir uns jetzt einem Text zu, der von einem 11-jährigen spanischen Schüler namens „José" geschrieben wurde, der bereits in Spanien das Schreiben gelernt hatte. Der Text ist in (5) angegeben (Text mit folgender Diskussion aus Maas, 2008: 367-370).

(5) 1 Es bal mal ein klücher
     2 Löbe
     3 Da kam erst der Werter und sagte
     4 guten Tag Klücher Lobe noch Mimag
     5 Frank von der Schule und sagte
     6 Gut Tag Frölicher Löbe. danach kam die
     7 Wertes Frau auf fiderse Klücher Löbe.
     8 eimal laste der Werter den Tor ofen.
     9 Und gin nach Trauser.
     10 Er gite Straße entlag.
     11 Guten Tag Heer Mayer er fil in un mach.
     12 Er sagte kuten Tag meine Dame.
     13 Die Damen leuften ob ein mensen freser
     14 hinter her wer.
     15 Dan kam die voerber und ein wagen vom Zoo.
     16 Dan kam Frank und sagte Guten Tag glischer Löbe
     17 und ging mit in zuruck.
     18 Und er sagte ich jetzt imer hier

Man braucht hier nicht hervorzuheben, dass es sich bei José um einen Extremfall handelt. Dies liegt u.a. auch daran, dass José die phonologischen Strukturen des Deutschen zu dieser Zeit noch nicht gemeistert hatte, weshalb er viele Schreibfehler in diesem Modul macht, die für deutschsprachige Jugendliche untypisch wären und die auf seine spanische Erstsprache zurückzuführen sind. Hierzu gehören etwa <Klücher> (Zeile 4) für das orthographisch richtige <glücklicher> oder <voerber> (Zeile 15) für die orthographisch verlangte Form <Feuerwehr>. Und dennoch, wie Maas (ebd.) anmerkt, beherrscht José die Groß- und Kleinschreibung relativ gut, und wenn man den Text trotz seiner Schreibung in weiten Teilen versteht, dann gerade deswegen, weil es José meist gelingt, satzinitiale aber auch satzinterne Majuskeln orthographisch richtig einzusetzen und den Text dadurch zu strukturieren. Dies ist umso interessanter, weil die Großschreibung im Spanischen außerhalb von Eigennamen und Satzanfängen nicht vorkommt, so dass José die Großschreibung der NP-Kerne in Deutschland gelernt haben muss.

So beginnt der Text in Zeile 1 mit einem Großbuchstaben beim Wort *Es*, was diese Stelle als Satzanfang markiert, und der nächste Großbuchstabe befindet sich bei <Löbe>, der dieses Element als Kern einer Nominalphrase (hier des Subjekts) markiert. Auch der zweite Satz wird als solcher durch eine Majuskel markiert (<Da>, Z. 3); zwar fehlt der Punkt zum Schluss in Zeile 2, um das Ende dieses Satzes zu markieren, dies ist allerdings durch das Vorhandensein der Majuskel bei <Da> für das Verständnis des Textes an dieser Stelle kein Problem, auch wenn es sich hier um einen orthographischen Fehler handelt.

Was die satzinterne Großschreibung angeht, so schreibt José in 25 Fällen den nominalen Kern groß, im Gegensatz dazu fehlen nur fünf satzinterne Majuskeln: Von diesen kommen zwei in feststehenden Phrasen vor, weshalb José sie möglicherweise nicht weiter analysieren konnte: <auf fiderse> (Zeile 7) und <in un mach> (Zeile 11). Unsicherheiten bestehen vor allem bei adjektivischen Attributen innerhalb der NP, vgl. <ein klücher Löbe> (Zeile 1) aber <Klücher Löbe> (Zeilen 4 und 7) oder <Frölicher Löbe> (Zeile 6). Im Gegensatz dazu werden aber Artikel und Präpositionen innerhalb der NP nie großgeschrieben.

Diese weitgehend erfolgreiche grammatische Analyse des Textes erleichtert dessen Interpretation bei der Lektüre erheblich – trotz der zahlreichen übrigen orthographischen Fehler. Zu der Zeit, als José diesen Text schrieb, hatte er also ohne Zweifel noch einen langen Weg vor sich, was die Orthographie des Deutschen angeht. Aber bis auf einige unklare Stellen wie z.B. <noch Mimag> (Zeile 4), die gesondert untersucht werden müssen (wohl *nach dem Mittag*, vgl. ebd., 388, Fußnote 30), ist es José gelungen, einen weitgehend verständlichen Text unter anderem wegen seiner Kenntnisse der Groß- und Kleinschreibung zu produzieren. Erst wenn man dies anerkennt und methodisch darauf aufbaut, hat ein Schüler wie José vielleicht noch die Chance, mit der deutschen Orthographie zurechtzukommen, was in seinem Fall allerdings leider nicht zutraf (ebd., 370).

5.3 Orthographie und Mehrsprachigkeit

Es wird allgemein angenommen, dass SchülerInnen, die zuhause eine andere Sprache als Deutsch sprechen, es generell schwieriger haben, die deutsche Orthographie zu erlernen als solche, die zuhause Deutsch sprechen. Für viele Menschen gilt diese Annahme nicht nur für Extremfälle wie José (Abschnitt 5.2), sondern generell für mehrsprachige SchülerInnen, auch wenn diese in Deutschland großgeworden (und eventuell geboren) sind und fließend Deutsch sprechen.

Auf dem ersten Blick scheint es hierfür gute Gründe zu geben: So wissen wir z.B., dass es für den späteren Schriftspracherwerb des Kindes von Vorteil ist, wenn Eltern ihren Kindern vorlesen. Wenn die Eltern aber Deutsch nicht können, entfällt diese Möglichkeit. Doch wie auch bei anderen „Selbstverständlichkeiten" gilt auch hier, dass man sie überprüfen muss, da es sich eventuell um einen weiteren Mythos über Mehrsprachigkeit handeln könnte. Und sollte es sich herausstellen, dass Unterschiede z.B. in den ersten Schuljahren zwischen SchülerInnen mit Deutsch als Erst- bzw. Zweitsprache vorhanden sind, stellt sich dann die Frage, ob diese Unterschiede im Laufe der Zeit geringer werden, konstant bleiben oder sich vielleicht sogar verschärfen.

Um Fragen wie diese zu beantworten, wurde vor wenigen Jahren das Projekt „Schriftspracherwerb in der Organisation Schule unter den Bedingungen von Migration und Mehrsprachigkeit" durchgeführt (zusammengefasst in Bommes et al., 2011). In diesem Projekt wurde der Unterricht bei jeweils einer 1. und einer 7. Klasse (Gesamtschule) im Ruhrgebiet sowie in Istanbul in der Türkei vor allem in Bezug auf den Schriftspracherwerb über ein ganzes Schuljahr beobachtet. Im Folgenden berichten wir einige Resultate.

Als Basis dieser Studie dienten Daten von jeweils zwölf SchülerInnen der 1. bzw. 7. Klasse, von denen jeweils sechs einsprachig und sechs mehrsprachig waren. Beide Gruppen bestanden zur Hälfte aus Jungs und Mädchen, die wiederum überwiegend im gleichen Maß über die Gruppen „gut", „durchschnittlich" und „unterdurchschnittlich" verteilt waren. Daten unterschiedlicher Art wurden hierfür untersucht, darunter:

- Daten aus der Hamburger Schreib-Probe, einem Rechschreibtest, mit dessen Hilfe man „das Rechtschreibkönnen und die grundlegenden Rechtschreibstrategien" von SchülerInnen einschätzen kann (s. „Hamburger Schreib-Probe" in der Literatur);

- „Bild-Wort-Tests" – In der 1. Klasse bekamen die SchülerInnen ein Bild von einem Objekt; das Objekt wurde von der Lehrerin vorgelesen und anschließend von den Schülern aufgeschrieben;

- Pseudowörter: Hier ging es um Wörter, die es eigentlich nicht gibt. Diese wurden vorgelesen und die SchülerInnen sollten versuchen, sie zu schreiben. Hierdurch gewinnt man Einsicht in den Wissensstand der SchülerInnen über die in 5.2 besprochenen orthographischen Regularitäten, denn da es diese Wörter nicht gibt, ist es ausgeschlossen, dass die SchülerInnen das Wort und dessen Schreibung auswendig gelernt haben könnten. Stattdessen müssen sie solche Wörter nach den ihnen zur Verfügung stehenden Kenntnissen der graphematischen Regularitäten schreiben;

- Diktate und frei geschriebene Texte.

Die Ergebnisse für die 1. Klasse sind in den Tabellen 1 und 2 dargestellt (Bommes et al., 2011: 287-288). Die Hochachse zeigt die Zahl der richtigen bzw. erwarteten Schreibungen. „GL1" bezieht sich auf einsprachige (Deutsch) SchülerInnen, „GL2" auf die mehrsprachigen SchülerInnen. „PWT" bezieht sich auf die „Bild-Wort-Tests" (*picture-word tests*), „Pseudo" auf die Ergebnisse der Tests mit Pseudowörtern und „HSP" auf die „Hamburger Schreib-Probe". Die Tage (*days*) unten in den Tabellen beziehen sich auf den Schultag, an dem der jeweilige Test durchgeführt wurde. Interpunktion wurde bei den Erstklässlern nicht untersucht.

Tabelle 1 und 2: Vergleich der Orthographieanalysen bei den Tests in der ersten Klasse (links) und bei den „frei" geschriebenen Textproben (rechts)

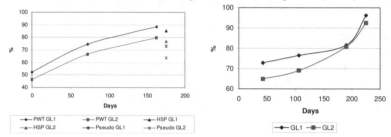

Auch wenn es sich hier um eine kleine Probe handelt, legen die Daten trotzdem nahe, dass einsprachige ErstklässlerInnen, die zuhause Deutsch sprechen, tatsächlich einen leichten Vorteil über mehrsprachige haben, allerdings ist dieser Vorsprung statistisch gesehen nicht signifikant (Bommes et al., 2011: 288), so dass es sich lediglich um eine Tendenz handelt.

Es stellt sich nun die Frage, was aus diesem kleinen Unterschied im Laufe der Zeit wird. Hier ist ein Vergleich mit der 7. Klasse lehrreich. Vgl. Tabelle 3 (ebd., 291). Bei den SiebtklässlerInnen wurde auch die Interpunktion kontrolliert. (N.B. „orthography" in Tabelle 3 bezieht sich auf die Orthographie OHNE Interpunktion; die Interpunktion wird hier gesondert dargestellt („punctuation"); vgl. noch einmal die Diskussion in 5.2 über Orthographie als modulares System).

Tabelle 3 zeigt auf der Hochachse im Gegensatz zu Tabellen 1 und 2 nicht die Zahl der RICHTIGEN Schreibungen, sondern die der FALSCHEN. Dies ist besonders interessant, denn wie Tabelle 3 zeigt, machen die einsprachigen SchülerInnen fast doppelt so viele Fehler im Bereich der Orthographie (ohne Interpunktion) wie die zweisprachigen SchülerInnen, obwohl man hier vielleicht das Gegenteil erwarten könnte. Im Gegensatz dazu machen die Ein- und Mehrsprachigen etwa gleich viele Fehler in Bezug auf die Interpunktion.

Tabelle 3: Vergleich der Orthographieanalyse (mit Interpunktion) der 7. Klasse

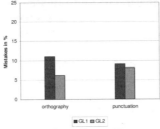

Man muss bei der Interpretation dieser Daten vorsichtig sein, denn es handelt sich hier um eine sehr kleine Gruppe. Dennoch zeigen die Ergebnisse, dass es zumindest keine einfache und direkte Beziehung zwischen Mehrsprachigkeit und Problemen beim Orthographieerwerb gibt und dass andere Faktoren, womöglich sozioökonomischer Natur, auch eine Rolle spielen. Ähnliche Ergebnisse finden wir in Bezug auf den sprachlichen Ausbau im Sinne von literaten Strukturen beim Schreiben, was das Thema des nächsten Abschnittes ist.

5.4 Register und Mehrsprachigkeit

In diesem Abschnitt gehen wir der Frage nach, ob Zweisprachigkeit den Erwerb literater Strukturen negativ beeinflusst, m.a.W. ob es Mehrsprachige generell schwerer haben, sich schriftsprachliche Strukturen anzueignen.

Wie die PISA-Studien belegt haben, haben SchülerInnen mit Migrationshintergrund im Durchschnitt mehr Probleme mit der deutschen Schriftsprache als einsprachige deutsche SchülerInnen. Es stellt sich aber die Frage, ob dies an der Mehrsprachigkeit dieser Kinder und Jugendlichen liegt oder eher daran, dass Menschen mit Migrationshintergrund in Deutschland durchschnittlich eher zu den sogenannten „bildungsfernen Schichten" gehören als Menschen ohne Migrationshintergrund. Leider gibt es speziell zu diesem Thema keine größeren linguistischen Studien, mit deren Hilfe wir diese Frage eindeutig beantworten könnten. Das Hauptproblem liegt darin, dass man hier zunächst klären muss, welche sprachlichen Strukturen man als „typisch orat" oder „typisch literat" betrachtet, was keineswegs unumstritten ist, und diese dann in Texten verschiedener SchülerInnen untersuchen und miteinander vergleichen muss, was sehr aufwendig ist. Einen ersten Schritt in diese Richtung macht Boneß (2011), die eine Auswahl der Daten aus dem im Abschnitt 5.3 beschriebenen Projekt „Schriftspracherwerb in der Organisation Schule unter den Bedingungen von Migration und Mehrsprachigkeit" nach diesen Gesichtspunkten genauer untersucht und mit einer eigenen Kontrollgruppe aus einer wohlhabenderen Gegend in Hamburg vergleicht. Wir befassen uns im Folgenden mit einigen der Hauptergebnisse dieser Studie.

In ihrer Studie untersucht Boneß zunächst die sprachlichen Strukturen von vier SchülerInnen aus der siebten Klasse – zwei einsprachig deutschen (GL1) und zwei, die Deutsch und eine weitere Sprache zuhause sprechen (GL2) – an einer Gesamtschule im Ruhrgebiet. Die Daten stammen aus Interviews sowie aus Schreibproben dieser SchülerInnen und bilden die Basis der weiteren Analyse. Aus Platzgründen beschäftigen wir uns im Folgenden hauptsächlich mit den Ergebnissen der Analyse der schriftlichen Daten. Die relevanten Daten über diese vier Schüler sind in (6) zusammengefasst (Boneß, 2011: 44-46).

(6)   **GL1 – einsprachig deutsch**
      PMO, männlich – eher durchschnittlich gebildete Familie der Mittelschicht; strebt offensichtlich einen höheren Abschluss an; hat eine Empfehlung für die Realschule erhalten.
      CRA, weiblich – niedrigerer Bildungsstand der Familie; will das Abitur machen; hat eine Empfehlung entweder für die Haupt- oder Gesamtschule.
      GL2 – zweisprachige Schüler
      DPO, männlich – leicht unterdurchschnittlicher Bildungsstand der Familie; will das Abitur machen; hat eine Empfehlung für die Gesamtschule erhalten. Familiensprachen: Türkisch und etwas Kurdisch.
      HKA, weiblich – niedrigerer Bildungsstand der Familie; hat eine Empfehlung für die Realschule erhalten (die Schule hat sie allerdings abgelehnt). Familiensprache: Türkisch.

Die Diskussion der untersuchten Merkmale ist sehr komplex und kann hier nur stark zusammengefasst wiedergegeben werden. Zunächst geht Boneß in ihrer Studie davon aus, dass Strukturen nicht einfach „orat" oder „literat" sind. Stattdessen entscheidet sie sich für eine Analyse, in der einige Strukturen eher orat sind als andere, mit bis zu fünf Stufen: orat, literat, literat+, literat++ und literat+++ (vgl. Boneß, 2011: 75). Die Merkmale selbst werden dabei in drei Kategorien eingeteilt: 1. Form der Referenten, 2. Satzstruktur und 3. Satzverknüpfung. Diese werden nun einzeln diskutiert (vgl. Abschnitt 4.2 bei Boneß, 2011: 67-94).

1. Form der Referenten: Hier geht es um die Struktur der NP: So betrachtet Boneß Pronomen der 1. und 2. Personen (*ich, du*) als ORATE Formen, während Pronomen der 3. Person oder NP mit einem Substantiv als LITERAT gelten (z.B. *sie* oder eine NP wie *die Frau*). LITERAT+ sind dann z.B. NP, die eine attributive Präpositionalphrase enthalten (*das Buch auf dem Tisch*), eine NP mit Genitivattribut (*das Auto des Mannes*) oder eine NP mit attributivem Adjektiv (*das schöne Haus*). Noch eine Stufe darüber, also LITERAT++, sind dann u.a. NP, die einen Relativsatz enthalten (*die Frau, die du gesehen hast*). Schließlich bilden NP, die zwei oder mehr der oben genannten Modifizierer enthalten, die Stufe LITERAT+++.

Der Grundgedanke hier ist, dass Einheiten, die „literater" als andere sind, weniger Kontext brauchen, um die Identität einer Person oder eines Gegenstandes eindeutig zu bezeichnen, während sich „oratere" Formen wesentlich mehr auf den Kontext zur erfolgreichen Identifizierung verlassen. So ist z.B. die Identität von *ich* und *du* immer kontextabhängig, während die erfolgreiche Identifizierung z.B. einer NP mit Relativsatz deutlich weniger von dem unmittelbaren Kontext abhängt.

2. Satzstruktur: Wie wir in Abschnitt 3.6 gesehen haben, sind orate Strukturen im Allgemeinen einfacher und kürzer als literate Strukturen. Aus diesem Grund werden Äußerungen, die keine satzähnlichen Strukturen aufweisen, von Boneß als ORAT klassifiziert. Vgl. z.B. die Strukturen in (7) (ebd., 79).

(7) a. die Arbeiten,   b. waren nicht so gut,
     c. also von mir,   d. so vier und drei.

Die Strukturen in (7) sind zwar vollständige – und in diesem Kontext auch interpretierbare – Intonationseinheiten, sie sind aber von ihrer Struktur her keine Sätze, sondern kurze, einfache und damit orate Strukturen.

Die nächste Stufe, LITERAT, besteht aus sogenannten „nackten Sätzen". Diese enthalten nur das Prädikat und die obligatorischen Argumente aber keine weiteren Informationen wie z.B. adverbielle Bestimmungen. Vgl. das Beispiel in (8) (ebd. S. 80).

(8) Paul geht in die Uni.

Sätze mit Komplementsätzen, d.h., Sätze, in denen ein Argument durch eine satzähnliche Konstruktion ausgedrückt wird, gelten für Boneß (2011) als LITERAT+, wie in Beispiel (9) (ebd.), wo der Komplementsatz unterstrichen ist.

(9) Dass Paul in die Uni geht, ist erstaunlich.

Die Stufe LITERAT++ ist für Strukturen reserviert, die eine adverbielle Bestimmung wie *jeden Tag* in (10) haben, die in die Struktur des Hauptsatzes integriert ist (ebd. 85).

(10) Paul geht jeden Tag in die Uni.

Schließlich werden Strukturen wie die in (11) (ebd. 86) als LITERAT+++ eingestuft, die aus koordinierten Sätzen bestehen, in denen ein Element, meist das Subjekt, in dem zweiten Satz weggelassen wird, da es vom Kontext her eindeutig ist (auch bekannt als „Ellipse") (ebd. 86; das „[Ø]" in (11) zeigt die Stelle an, wo das Subjekt stehen könnte aber weggelassen wurde).

(11) Paul geht in die Uni und [Ø] isst in der Mensa.

3. Satzverknüpfung: Hier geht es vor allem darum, wie Haupt- bzw. Nebensätze miteinander verbunden werden. Die einfachste Art, zwei Einheiten miteinander zu verbinden (also ORAT), besteht darin, diese Elemente einfach ohne verbindendes Wort wie *und, oder* usw. zu kombinieren und die Beziehung zwischen ihnen nicht näher zu spezifizieren. Vgl. (12) (ebd. 89).

(12) dann kamen die immer zu uns, sie waren freundlicher

Die beiden Satzteile hier werden ohne koordinierende oder subordinierende Konjunktion einfach nebeneinander gestellt. Der Sprecher teilt dabei dem Zuhörer nicht mit, WIE diese beiden Teilsätze zu einander passen – ob das hier als Kontrast verstanden werden soll (*dann kamen die immer zu uns, aber sie waren freundlicher*), nur eine zusätzliche Information (*dann kamen die immer zu uns, und sie waren freundlicher*) usw. Diese Information muss der Zuhörer aus dem Kontext erschließen.

Die weiteren Stufen sind wie folgt, wobei auf jeder höheren Stufe die semantische Beziehung zwischen den beiden Satzteilen zunehmend genauer ausgedrückt wird: LITERAT: z.B. durch einfache Konnektive wie *und* oder *oder*; LITERAT+: spezifischere Konnektive wie *weil* oder *obwohl*, die die Beziehung zwischen beiden Teilsätzen spezifiziert; LITERAT++: verbindende Adverbien wie *weiterhin* oder *dementsprechend*; LITERAT+++: Präpositionalphrasen wie *in Bezug darauf* oder *im Gegensatz dazu*, die explizit Bezug auf den Inhalt einer anderen Einheit nehmen.

Wenn man diese Merkmale in den Texten untersucht, ist man in der Lage, quantitative Vergleiche zwischen den ein- und mehrsprachigen SchülerInnen zu machen. Einige dieser Ergebnisse werden in den Tabellen 4-6 für die schriftlichen Texte zusammengefasst. Wie man den Tabellen entnehmen kann, ist kein signifikanter Unterschied zwischen den beiden Gruppen von SchülerInnen in Bezug auf die schriftlichen Texte feststellbar, obwohl die einsprachigen SchülerInnen einen leichten Vorsprung bei der Satzstruktur in gesprochenen Texten haben (hier nicht gezeigt, vgl. ebd. 163-164).

Tabelle 4: Vergleich des Merkmals „Form der Referenten" (L1 – einsprachige, L2 – zweisprachige SchülerInnen; ebd. 160)

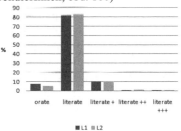

Tabelle 5: Vergleich des Merkmals „Satzstruktur" (ebd. 164)

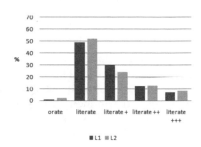

Tabelle 6: Vergleich des Merkmals „Satzverknüpfung" (ebd. 167)

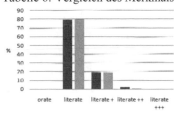

Die von Boneß (2011) angewandte Methode erlaubt uns einen ersten Einblick in die Rolle von Mehrsprachigkeit beim Erwerb literater Strukturen: Boneß' Ergebnisse zeigen, dass Mehrsprachigkeit vielleicht eine Rolle beim Schriftspracherwerb spielt, deren Bedeutung ist aber nach ihren Daten viel zu gering, um als Erklärung für die oft festgestellte generelle Diskrepanz zwischen den Leistungen von SchülerInnen mit Migrationshintergrund und einsprachigen, deutschstämmigen SchülerInnen zu dienen. Offenbar spielen andere Faktoren eine wesentlich wichtigere Rolle beim Erwerb literater Strukturen als die Mehrsprachigkeit.

Hier drängt sich der Verdacht auf, dass diese Unterschiede eher mit dem sozioökonomischen Status der SchülerInnen zusammenhängen. Aus diesem Grund führte Boneß in ihrer Studie eine weitere Untersuchung an einer Gesamtschule in einer wohlhabenderen Gegend in Hamburg zum Vergleich durch (vgl. ebd. 173-184), wobei die untersuchten Schüler alle Deutsch als L1 sprechen. Tatsächlich stellt Boneß dabei fest, dass die SchülerInnen dieser Vergleichsgruppe in allen hier untersuchten Domänen „literatere" Texte erstellten als ihre (ein- und zweisprachigen) weniger privilegierten KommilitonInnen im Ruhrgebiet. Dies bekräftigt die Vermutung, dass es vor allem sozioökonomische Faktoren sind, die für diese Diskrepanz verantwortlich sind.

In Tabellen 7a und b sehen wir einen Vergleich des Merkmals „Form der Referenten" für beide Gruppen, mit der „priviligierten" Gruppe aus Hamburg rechts im Bild und der Gruppe aus der Gesamtschule im Ruhrgebiet links. Auch wenn wir hier zunächst keinen großen Unterschied zwischen den beiden Gruppen feststellen, fällt auf, dass die Hamburger überhaupt keine oraten Strukturen verwenden, während diese bei drei der SchülerInnen aus der linken Gruppe vorkommen. Mit Ausnahme von ANG, die sich in dieser Hinsicht eher wie die weniger priviligierte Gruppe aus dem Ruhrgebiet verhält, weisen die anderen drei Hamburger auch etwas mehr Formen vor allem in den höheren literaten Bereichen auf, obwohl dieser Unterschied nicht statistisch signifikant ist (ebd., 178).

Tabellen 7ab: Vergleich des Merkmals „Form der Referenten" (links: Gesamtschule Ruhrgebiet, rechts: wohlhabendere Gesamtschule Hamburg; ebd. 177)

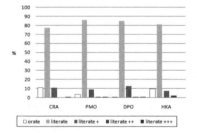 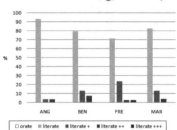

Tabellen 8a und b präsentieren die Ergebnisse für die beiden untersuchten Gruppen in Bezug auf Satzstruktur. Hier stellen wir nun einen deutlich größeren, statistisch signifikanten Unterschied zwischen den beiden Gruppen fest, mit „literateren" Werten für die Hamburger Gruppe, wieder mit Ausnahme von ANG (ebd., 178). Vor allem fällt dabei auf, dass es deutlich weniger Formen im Bereich des einfachen LITERATE und deutlich mehr Formen im Bereich LITERATE+ in der Hamburger Gruppe gibt, aber auch die beiden höheren Bereiche sind in dieser Gruppe etwas stärker vertreten.

Tabellen 9a und b fassen die Ergebnisse der zwei Gruppen in Bezug auf die Satzverknüpfung zusammen. Auch hier fällt auf, dass

ANG von ihren Leistungen her eher zu der schwächeren Gruppe gehört, während die anderen drei Mitglieder der Hamburger Gruppe prozentuell deutlich weniger einfache LITERATE Strukturen verwenden und signifikant mehr Verknüpfungen aus den oberen Bereichen.

Tabelle 8ab: Vergleich des Merkmals „Satzstruktur" (links: Gesamtschule im Ruhrgebiet, rechts: wohlhabendere Gesamtschule in Hamburg; ebd. 179)

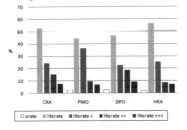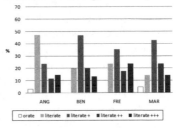

Tabelle 9ab: Vergleich des Merkmals „Satzverknüpfung" (links: Gesamtschule im Ruhrgebiet, rechts: wohlhabendere Gesamtschule in Hamburg; ebd. 181)

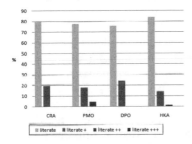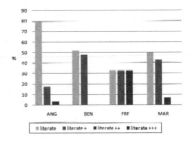

Trotz der zugegebenermaßen kleinen Zahl an untersuchten SchülerInnen, die durch die sehr feinkörnige grammatische Untersuchung der einzelnen Texte zu erklären ist, weisen die Daten darauf hin, dass die allgemein angenommene starke Verbindung zwischen Familiensprache und dem (Miss-)Erfolg beim Schriftspracherwerb wesentlich schwächer als der sozioökonomische Status zu sein scheint. Dieses Ergebnis ist auch im Einklang mit anderen Studien auf diesem Gebiet: So kommt auch Eckhardt (2008: 150-153) trotz eines etwas anderen Schwerpunktes in ihrer Untersuchung zu einem sehr ähnlichen Ergebnis: „Für den Erwerb von Sprachkenntnissen in der schulbezogenen Sprache scheinen demnach die soziökonomischen Verhältnisse der Familie bedeutender zu sein als die zu Hause gesprochene Sprache." (ebd., 153). Auch Siekmeyer (2013) stellt in ihrer Untersuchung komplexer Nominalphrasen bei Schülern mit Deutsch als Familiensprache bzw. als Zweitsprache u.a. fest, dass

SchülerInnen, die ein schriftsprachliches Interesse der Eltern in Interviews beschrieben, mehrheitlich in den oberen Leistungsgruppen in Bezug auf Schriftsprache anzutreffen waren (ebd., 165). Zwar stellt Siekmeyer auch einen Unterschied zwischen SchülerInnen mit Deutsch als L1 und L2 in Bezug auf orate bzw. literate Strukturen fest, diesen führt sie aber zumindest teilweise auf das Auswahlverfahren der teilnehmenden deutschsprachigen SchülerInnen zurück (ebd., 133-134, Fußnote 41). Somit steht zunächst fest, dass Mehrsprachigkeit eventuell ein Hindernis beim Erwerb literater Strukturen sein kann, sie scheint aber deutlich weniger wichtig als der sozioökonomische Status der Familie zu sein.

Auch mehrere internationale Studien zum Thema Schriftspracherwerb im Kontext der Mehrsprachigkeit ziehen ein ähnliches Fazit. In dieser Hinsicht sind die verschiedenen Studien in Oller & Eilers (2002) besonders interessant, darunter Cobo-Lewis et al. (2002a; b), die neben anderen Faktoren die Rolle des sozioökonomischen Status und Mehrsprachigkeit in Schulen in Miami, Florida, untersuchen, wo es vor allem um spanisch-englische Mehrsprachigkeit geht. Auch wenn Cobo-Lewis et al. z.T. andere Aspekte gesprochener und geschriebener Sprache untersucht haben, kommen sie dennoch zu einem ähnlich Ergebnis: Zusätzlich zu den Familiensprachen der SchülerInnen spielte auch und vor allem der soziokonomische Status eine wichtige Rolle beim Schriftspracherwerb in der L2 (Englisch); der Einfluss des sozioökonomischen Status spielte sogar bei jedem der von ihnen durchgeführten Tests eine Rolle (vgl. Cobo-Lewis et al., 2002a: 77, Figure 4.2). Ähnlich wie bei Boneß (2011) (s.o.) stellen auch sie fest, dass die Auswirkung der Familiensprache am stärksten im Bereich der gesprochenen Sprache ist und dass der Erfolg beim Schriftspracherwerb der L2 offensichtlich vor allem vom Schulunterricht abhängig ist (ebd., 96). In Cobo-Lewis et al. (2002b: 116) stellen sie dies auch für die L1 Spanisch fest: Auch hier ist es vor allem der Schulunterricht und nicht die Familiensprache, die für den Schriftspracherwerb maßgebend ist. Gerade im Hinblick auf mögliche Konsequenzen für die Fachdidaktik, die oft noch in der Mehrsprachigkeit das Haupthindernis für den erfolgreichen Schriftspracherwerb sieht, sind diese Erkenntnisse aus mehreren, unabhängig voneinander durchgeführten Studien von großer Bedeutung.

5.5 Zusammenfassung

In diesem Kapitel haben wir uns mit zwei wichtigen Aspekten der geschriebenen Sprache beschäftigt, nämlich mit Orthographie und mit literaten Strukturen. Von besonderem Interesse war dabei die Frage, inwiefern Mehrsprachigkeit ein Hindernis für den Schriftspracherwerb darstellt. Zu diesem Zweck wurden mehrere sprachwissenschaftliche Studien zum Vergleich herangezogen, die nahelegen, dass Mehrsprachigkeit vielleicht eine Rolle beim Schriftspracherwerb spielt, mindestens so wichtig – wenn nicht sogar wichtiger – scheint dabei aber der sozioökonomische Status der Familien der SchülerInnen für deren Erfolg beim Schriftspracherwerb zu sein, was Folgen für die Fachdidaktik haben könnte.

6. Mehrsprachigkeit und Schule

In diesem Kapitel beschäftigen wir uns mit einem Thema, das in fast jeder Diskussion von Mehrsprachigkeit und Bildung auftaucht, nämlich inwiefern mehrsprachiger Unterricht für SchülerInnen mit Migrationshintergrund sinnvoll ist.

6.1 Ein- versus mehrsprachiger Unterricht

Die Frage danach, ob ein- oder mehrsprachiger Unterricht besser ist, ist nicht leicht zu beantworten und hängt von vielen Faktoren ab. Zunächst gibt es eine Reihe von Schulmodellen, die hier in Frage kommen. Nach Siegel (2003: 193-197) gibt es fünf Hauptmodelle, die für uns relevant sind, je nachdem, ob die Schule ein- oder mehrsprachig ist und, für den Fall, dass sie mehrsprachig ist, wie der Unterricht unter den beiden Sprachen aufgeteilt ist. Wir beginnen hier mit den beiden monolingualen Schultypen:

- L1-monolingual: Bei diesem Schultyp ist die Unterrichtssprache auch die Familiensprache der meisten SchülerInnen (L1), und die Zweitsprache (L2) wird als Schulfach unterrichtet. Dies entspricht dem deutschsprachigen Unterricht in Deutschland für die meisten SchülerInnen, die auch zuhause Deutsch sprechen (L1) und die z.B. Englisch (L2) in der Schule lernen.
- L2-monolingual bzw. Submersionsmodell: Bei diesem Modell ist die Unterrichtssprache für die große Mehrheit der SchülerInnen nicht die Familiensprache sondern die L2. Ein Beispiel hierfür in Deutschland ist, wenn SchülerInnen, die z.B. Tür-

kisch, Russisch usw. zuhause sprechen (L1), den Unterricht aber nur auf Deutsch (L2) bekommen. Es gibt auch mehrere Modelle für den bilingualen Unterricht, also Modelle, in denen es zwei Unterrichtssprachen im Laufe der Schulzeit gibt. Hier präsentieren wir die drei Haupttypen.

- <u>Übergangsmodelle</u> (*transitional*): Die L1 der SchülerInnen wird in den ersten Schuljahren verwendet (z.b. bis zur 3. oder 4. Klasse), danach wird zur L2 als Unterrichtssprache gewechselt. Dieser Wechsel kann abrupt sein oder sich über mehrere Jahre erstrecken, wobei nach und nach mehr Schulfächer in der L2 unterrichtet werden. Ein Beispiel hierfür in Deutschland sind Schulen, in denen z.b. Nordfriesisch oder Sorbisch für SprecherInnen dieser Sprachen in der Grundschule verwendet wird, danach aber Hochdeutsch.

- <u>Immersionsprogramme</u>: Hier wird die L2 als Unterrichtssprache verwendet, später sowohl L1 als auch L2. Dieser Typ ist vor allem aus Kanada bekannt, wo viele englischsprachige SchülerInnen zunächst nur auf Französisch, später dann auf Englisch und Französisch unterrichtet werden. Ein wichtiges Merkmal dieses Modells ist, dass die Lehrkräfte beide Sprachen beherrschen und der Lehrstoff modifiziert ist, um den SchülerInnen den Zugang zu erleichtern. Hier wird auch besonderes Gewicht auf die weitere Entwicklung der L1 gelegt – vor allem auf den Schriftspracherwerb.

- <u>Durchgehend</u> (*continuing*): Nach diesem Modell werden sowohl L1 als auch L2 während der gesamten Schulzeit als Unterrichtssprachen verwendet.

Es handelt sich hier also nicht um eine einfache Wahl zwischen ein- und zweisprachigen Schulen. Aber auch wenn man sich für zweisprachige Schulen entscheiden sollte, z.b. deutsch-türkisch, muss auch entschieden werden, ob es einen Übergang z.b. vom Türkischen zum Deutschen gibt (Übergangsmodell), oder zunächst Türkisch und dann Deutsch und Türkisch verwendet werden, mit besonderem Gewicht auf der weiteren Entwicklung des Deutschen (Immersion), oder ob Deutsch und Türkisch von Beginn an verwendet werden (durchgehend). Dabei muss man sich immer fragen, ob die vermeintliche L1 (z.B. Türkisch) tatsächlich die L1 aller Kinder ist. Wie wir u.a. in Abschnitt 3.4 gesehen haben, kann es durchaus sein, dass ein Kind und seine Eltern die türkische Staatsangehörigkeit besitzen, über deren Familiensprache sagt das aber nicht unbedingt etwas aus, denn sie können z.b. Kurdisch oder aber Deutsch zuhause sprechen. Wenn man nicht aufpasst, könnte man

Unterricht in der „falschen L1" anbieten, was katastrophale Auswirkungen für die betroffenen Kinder haben könnte. Man muss sich aber auch darüber im Klaren sein, was man mit dem mehrsprachigen Unterricht erreichen will: Will man, dass nach der Schule alle SchülerInnen unabhängig von ihrer Familiensprache beide Sprachen aktiv sprechen? Oder will man die Kinder, die nicht zuhause Deutsch sprechen, an das Deutsche heranführen, damit sie nachher am regulären deutschsprachigen Unterricht teilnehmen können? Mit anderen Worten: Für wen genau ist der angestrebte mehrsprachige Unterricht gedacht und was soll damit erreicht werden? Fragen wie diese sind entscheidend für die Wahl eines geeigneten Modells.

Die Hauptfrage bleibt aber, ob man überhaupt zweisprachige Schulen will. Es gibt zwar ernstzunehmende Hinweise darauf, dass zweisprachige Schulen Vorteile über einsprachige Schulen haben, sowohl in Bezug auf den Zweitspracherwerb als auch deren gesamtschulische Leistung. Noch ist allerdings nicht klar, woran dies genau liegt: So ist es möglich, dass die Einbeziehung von Minderheitssprachen im Unterricht motivierend auf die SprecherInnen dieser Sprachen wirken kann, was für deren schulischen Erfolg sehr förderlich ist. Es ist aber auch möglich, dass der L1-Unterricht das metasprachliche Wissen oder Wissen über Sprache als System insgesamt fördert, was sich auf den Schriftspracherwerb positiv auswirkt. Viele ForscherInnen nehmen auch an, dass Fähigkeiten, die man in der L1 gelernt hat, auf die Zweitsprache übertragen werden können, was einen Teil dieses Erfolgs erklären könnte (vgl. u.a. Siegel, 2003: 195-197).

Mehrsprachiger Unterricht stößt allerdings oft auf Ablehnung in der Bevölkerung. Zum einen ist mehrsprachiger Unterricht immer auch eine finanzielle Frage, denn er verlangt eine intensive Planung, gut ausgebildetes Personal, neue Lehrbücher u.v.m. Für einige ist es aber auch eine Frage des Prinzips; so gehen viele prinzipiell davon aus, dass ein Land eine und nur eine – Bildungssprache haben soll. Andere befürchten wiederum, dass die Förderung bestimmter Sprachen eine Kettenreaktion auslösen könnte – wenn z.B. Türkischunterricht für türkischsprachige SchülerInnen eingerichtet wird, könnten andere Gruppen auch Unterricht in ihren Sprachen verlangen, z.B. Russisch, Kurdisch, Vietnamesisch usw. Dennoch gibt es eine kleine wenn auch steigende Zahl bilingualer Modelle in Deutschland; einen Überblick hierzu bietet Neumann (2009: 320), die auch von ihren Erfahrungen mit mehrsprachigem Unterricht in Hamburg berichtet. In den meisten Schulen herrscht jedoch nach wie vor das Submersionsmodell für nicht-deutschsprachige bzw.

das L1-monolingual-Modell für deutschsprachige SchülerInnen, da nur auf Deutsch unterrichtet wird. Dass es dennoch auch hier möglich ist, die verschiedenen L1 der SchülerInnen in den Unterricht gewinnbringend einzubeziehen, zeigt die Diskussion im nächsten Abschnitt.

6.2 Codeswitching in der Schule: Mehrsprachigkeit als Ressource

In diesem Abschnitt zeigen wir, dass man Mehrsprachigkeit als zusätzliche Ressource auch in den monolingualen Unterricht einbringen kann, anstatt sie als Hindernis zu betrachten. Da vor allem in Ballungszentren ein erheblicher Anteil der SchülerInnen zuhause eine andere Sprache als Deutsch spricht, wäre es wünschenswert, wenn man Mehrsprachigkeit in den Lehrplan integrieren könnte. Das würde zum einen mehrsprachige SchülerInnen mehr motivieren; sie bekämen dadurch das Gefühl, dass ihr Wissen und ihre Identität respektiert werden. Zum anderen könnte das auch die SchülerInnen motivieren, die zuhause Deutsch sprechen, denn diese sind oft neugierig und würden gerne mehr über die Kulturen und Sprachen ihrer MitschülerInnen wissen.

Die Hauptschwierigkeit dabei ist natürlich, dass man von einer Lehrkraft nicht erwarten kann, dass sie Russisch, Türkisch oder eine andere Sprache fließend beherrscht, wenn sie diese Sprache nicht selbst zuhause spricht. Aber selbst wenn die Lehrkraft eine weitere Sprache fließend beherrschen würde, wäre das nicht unbedingt ausreichend: Es ist durchaus üblich, gerade in den großen Ballungszentren, dass verschiedene Nationalitäten in einem einzigen Klassenzimmer vertreten sind, und dass diese SchülerInnen mindestens genauso viele verschiedene Sprachen zuhause sprechen. So wäre es nichts Ungewöhnliches, wenn SchülerInnen dabei sind, deren Familien aus Russland, der Türkei, Pakistan, dem Iran, Vietnam, Polen, Rumänien, Albanien usw. stammen, die eine Vielzahl von verschiedenen Sprachen sprechen wie Russisch, Türkisch, Urdu, Persisch, Vietnamesisch, Polnisch, Rumänisch oder Albanisch, oder aber eine Minderheitssprache eines dieser Länder. Von der Lehrkraft zu erwarten, dass sie all diese Sprachen kennt, ist nicht realistisch. Zum Glück ist das auch nicht nötig, und es ist manchmal sogar von Vorteil, dass die Lehrkraft diese Sprachen nicht kennt, damit die deutsche Sprache die vereinigende Kraft im Klassenzimmer bleibt. Wir berichten im Folgenden von einem Experiment, das der Autor dieses Buches in Zusammenarbeit mit einer Pädagogin an einer Berufsschule sowie an einem Nachhilfezentrum für Kinder und Jugendliche mit Migrationshintergrund in Westniedersachsen durchgeführt hat (Peterson & Röber, i.V.). Es handelt sich hierbei um ein Modell, das außer Deutsch keine weiteren Sprachkenntnisse von der Lehrkraft verlangt, sondern lediglich Kenntnisse des Feldermodells (vgl. Abschnitt 3.6) sowie die Bereitschaft, Neues auszuprobieren.

In Abschnitt 3.6 haben wir einige der Hauptmerkmale orater und literater Sprache besprochen. Wir haben auch dort und in Kapitel 5 gesehen, dass gerade die Beherrschung literater Strukturen eine Voraussetzung für den erfolgreichen Schriftspracherwerb darstellt. Es ist also wichtig, diese Strukturen im Deutschunterricht den SchülerInnen erfolgreich zu vermitteln, denn Studien zeigen, dass SchülerInnen von Lehrstrategien profitieren, „bei denen die Differenzen zwischen bildungssprachlicher und alltäglicher Rede *kontinuierlich*, *explizit* und *systematisch* im Unterricht bearbeitet wird" (Gogolin, 2009: 272, Hervorhebung im Original). Dafür ist es auch wichtig, dass die SchülerInnen beginnen, ihren eigenen Sprachgebrauch sowie den anderer Menschen genauer zu beobachten und darüber zu reflektieren. Ziel dabei ist es, dass den SchülerInnen auffällt, „wer was wie und mit wem" spricht, also welche sprachlichen Strukturen in welchen Situationen angemessen sind. Die SchülerInnen müssen also lernen, wie orate Strukturen, die sie im Alltag und vor allem in der gesprochenen Sprache verwenden, in literatere, dem entsprechenden Register angemessene Strukturen „übersetzt" werden können.

Wir haben auch wiederholt gesehen, dass Codeswitching nichts mit „doppelter Halbsprachigkeit" zu tun hat, und deshalb auch nicht aus dem Unterricht verbannt werden müsste, und dass es für informellere Register bei Mehrsprachigen sogar typisch ist. Es liegt also auf der Hand, Beispiele mit Codeswitching zu verwenden, um mehrsprachige SchülerInnen am Unterricht aktiver zu beteiligen, denn hier sind sie die Experten und ihr Wissen ist gefragt.

Zur Illustration nehmen wir Beispiel (17) aus Abschnitt 4.3, das wir hier als Beispiel (1) in leicht veränderter Form noch einmal angeben. Es handelt sich um ein deutsch-russisches Beispiel, wobei der Satz bis auf das erste Wort, das aus dem Russischen stammt, deutsch ist.

(1)   Deutsch-russisch
      <u>Koschka</u>   hat   abgenommn!
      Katze
      ‚<u>Die Katze</u> hat abgenommen!'

Wie man sieht, ist die Schreibweise hier leicht geändert worden: Zunächst haben wir das *koška* von Beispiel (17) hier als <Koschka> nach den Regularitäten der deutschen Orthographie geschrieben, um den SchülerInnen den Einstieg zu erleichtern. Darüber hinaus haben wir <abgenommn> absichtlich so geschrieben, um zusätzlich darauf aufmerksam zu machen, dass man anders spricht, als man schreibt.

An dieser Stelle sollte man für die SchülerInnen einen Kontext erfinden: Z.B. kommt eine Studentin nach längerer Zeit zum ersten Mal wieder nach Hause und stellt fest, dass die Katze – die nicht „Koschka" heißt (einen Namen kann man sich selbst ausdenken!) – deutlich abgenommen hat. Damit ist aber auch klar, dass es sich um ein Gespräch zwischen Mitgliedern derselben Familie handelt und damit dem Intimregister zuzuordnen ist.

Nun überträgt man diesen Satz in das Feldermodell zur weiteren Diskussion, das vorher im Unterricht diskutiert worden sein sollte. Man braucht hier keine Bedenken haben; die Erfahrung zeigt, dass gerade SchülerInnen solche Strukturen gerne haben, an denen sie sich festhalten können (für jüngere SchülerInnen kann man auch verschiedene Farben für die einzelnen Felder verwenden). Dies sieht dann in etwa so aus:

(2)	**Vorfeld**	**linke Satzklammer**	**Mittelfeld**	**rechte Satzklammer**
	Koschka	hat	-	abgenommn!

Damit wird den SchülerInnen klargemacht, dass diese Struktur immer gilt, wenn Deutsch geschrieben wird. Nun kann man das Beispiel Schritt für Schritt mit den SchülerInnen „schöner machen", also entsprechend ändern, so dass es in einem Aufsatz, Brief o.ä. vorkommen könnte. Es ist auch besser, wenn man gleich zu Beginn sagt, dass es sich hier z.b. um einen Brief an einen Unbekannten handelt, der aber einen hohen Status hat (z.b. SchuldirektorIn). So könnte man dann für dieses Beispiel erklären, dass diese Person einen höflichen Brief erwartet und dass sie nicht weiß, um wen es sich in dieser Geschichte handelt oder ob die betroffene Person in der Geschichte überhaupt eine Katze hat, die früher übergewichtig war usw.

Als Nächstes sollte man fragen, was *Koschka* bedeutet. Nun ist das Wissen der Mehrsprachigen gefragt, die erst einmal wahrscheinlich mit dem Wort *Katze* antworten. Am besten trägt man dies gleich in das Vorfeld ein, wie in (3). Wenn jemand protestiert, dass <abgenommn> falsch geschrieben ist, trägt man dies auch gleich ein und zwar mit der Bemerkung, dass es wie „abgenommn" unter Freunden ausgesprochen wird, aber nicht so geschrieben wird. Dies verdeutlicht noch einmal, dass es sich hier um unterschiedliche Register handelt.

(3)

Vorfeld	linke Satzklammer	Mittelfeld	rechte Satzklammer
Katze	hat	-	abgenommen!

Zwar heißt *Koschka* auf Deutsch *Katze*, Beispiel (3) macht aber deutlich, dass die russische Grammatik anders ist als die deutsche. Das liegt u.a. daran, dass es im Russischen keine Artikel gibt, so dass unter Umständen eine russische NP aus einem einzigen Wort besteht, wo im Deutschen der Artikel vor dem Substantiv verlangt wird. Aber auch wenn die Lehrkraft nichts über das Russische weiß, würde sie hier trotzdem feststellen, dass die russische NP eine Form hat, die im Deutschen an dieser Stelle nicht erlaubt ist, womit klar ist, dass sich beide Grammatiken hier unterscheiden. An dieser Stelle kann man die SchülerInnen fragen, warum der Satz nun zwar „deutsch" ist, aber immer noch nicht richtig. Nun sind alle SchülerInnen gefragt, und es dauert nicht lange, bis jemand bemerkt, dass es an dieser Stelle *die Katze* heißen soll. Bei fortgeschritteneren SchülerInnen könnte dann bei Bedarf eine Diskussion über die Struktur der NP im Deutschen, über Definitheit usw. stattfinden.

Man darf dabei nicht vergessen, dass mehrsprachige SchülerInnen oft keinen Grammatikunterricht in der Familiensprache erhalten haben, so dass sie nicht in der Lage sein werden zu sagen, warum die Struktur im Russischen so ist, wie sie ist. Intuitiv werden diese SchülerInnen wissen, wie man etwas sagt, dass aber eine NP im Russischen anders strukturiert ist als im Deutschen, wird ihnen vermutlich nicht bewusst sein. Diskussionen wie diese können ihnen also bewusst machen, wo und wie sich die Grammatik ihrer Familiensprache von der des Deutschen unterscheidet, was auch eine wichtige Erkenntnis für sie darstellt.

Wenn man diese neue Information in das Modell inkorporiert, sieht es so aus wie in (4).

(4)

Vorfeld	linke Satzklammer	Mittelfeld	rechte Satzklammer
Die Katze	hat -	-	abgenommen!

Zwar ist (4) ein korrekter deutscher Satz, es wäre dennoch für einen Brief an eine unbekannte Person nicht geeignet. Nun kann man – je nach Alter der SchülerInnen – weiter vorgehen, indem man die SchülerInnen daran erinnert, dass es sich um einen Brief an eine Person handelt, die die Gruppe nicht persönlich kennt, weshalb sie mehr Hintergrundinformation braucht, um den Satz zu verstehen. So kann man auf diese Weise den Satz kontextualisieren, damit der

Leser (vereinfacht gesagt) weiß, wer was wo und wann gemacht hat, und auch warum es in diesem Fall unerwartet war. Hier sind wieder alle SchülerInnen gefragt, ob ein- oder mehrsprachig.

Wir lassen diesen Satz nun so, wie er ist, da das weitere Vorgehen von dem Alter der Gruppe sowie von den konkreten Zielen, die die Lehrkraft hier verfolgen möchte, abhängt. Man kann den SchülerInnen hierfür auch eine Art „Checkliste" für die Bearbeitung erstellen, die so aussehen könnte wie in (5), die aber u.a. nach dem Alter der SchülerInnen sowie nach den selbstgesteckten Zielen erweitert bzw. geändert werden kann.

(5) 1. Passt mein Satz in die Kasten? (d.h., in das Feldermodell)
     2. Wenn nicht, was muss ich an dem Satz ändern?
     3. Welche Wörter sind hier nicht schön genug, um sie so zu schreiben? (D.h., was ist hier zu umgangssprachlich, um es so zu schreiben?)
     4. Wie kann ich diese Teile schöner (d.h., „literater") machen?
     5. Würde jemand, der nichts über uns weiß und der nicht dabei war, verstehen, worum es geht?

Man kann die SchülerInnen auch bitten, selbst solche Beispiele zum Unterricht mitzubringen – ob von zuhause, aus dem Bus, vom Spielplatz oder woher auch immer. Das Modell eignet sich auch hervorragend für Diskussionen in der Klasse zum Thema Kiezdeutsch, es eignet sich aber genauso gut für Diskussionen über die Unterschiede zwischen „ganz normalem", gesprochenem Deutsch, wie dies von einsprachigen Sprechern gesprochen wird, und der Schriftsprache. Das Einzige, was man unbedingt beachten sollte, ist, dass es sich um hauptsächlich deutsche Sätze handelt, d.h., die Sätze sollten überwiegend auf Deutsch sein und höchstens ein paar Wörter aus einer anderen Sprache enthalten, da das Feldermodell ansonsten nicht angewendet werden kann: Das Feldermodell gilt NUR FÜR DAS DEUTSCHE und ist NICHT AUF ANDERE SPRACHEN ÜBERTRAGBAR! Sie passt also nicht zur russischen oder türkischen Grammatik aber auch nicht zur Grammatik anderer westeuropäischer Sprachen wie Englisch, Französisch, Italienisch usw.

Diese Übung sendet nicht nur das Signal an die mehrsprachigen Schüler, dass ihre Familiensprachen wichtig sind und dass ihr Wissen gefragt ist, die einsprachigen Schüler sind hier auch gefragt, denn auch sie kennen oft zumindest einzelne Wörter aus anderen Sprachen. Auch bei der „Übersetzung" in literatere Strukturen ist das Wissen aller – Ein- und Mehrsprachiger – gefragt. Die Übung sorgt aber vor allem dafür, dass alle SchülerInnen damit beginnen, bewusst auf den eigenen Sprachgebrauch und auf den von Anderen zu achten, und wie man von einem Register in ein anderes „übersetzen" kann. Es handelt sich hier nur um eine zusätzliche Methode, die ergänzend im Unterricht angewendet werden kann. Nach unserer Erfahrung ist sie aber eine sinnvolle Ergänzung, die den SchülerInnen auch viel Spaß bereitet und sie motiviert. Wenn man dafür offen ist, Mehrsprachigkeit als Ressource anstatt als Hindernis zu betrachten, wird man feststellen, dass der respektvolle Umgang mit dem Wissen der mehrsprachigen SchülerInnen viele Möglichkeiten bietet, den Unterricht um diese Dimension zu bereichern.

6.3 Zusammenfassung

Dieses Kapitel bietet einen ersten, allgemeinen Überblick über verschiedene ein- und mehrsprachige Schulmodelle. Auch wenn der mehrsprachige Unterricht Vorteile haben mag, stellten wir fest, dass der Unterricht an der großen Mehrheit der Schulen in Deutschland einsprachig auf Deutsch ist, so dass SchülerInnen, die zuhause eine andere Sprache sprechen, den Unterricht ausschließlich in ihrer Zweitsprache bekommen. Wie Abschnitt 6.2 allerdings zeigt, bedeutet das nicht zwangsläufig, dass der Unterricht keinen Bezug auf die Familiensprachen dieser SchülerInnen nehmen darf. Ganz im Gegenteil: Mit etwas Kreativität ist dies durchaus möglich und sinnvoll, auch wenn die Lehrkraft selber über keine Kenntnisse dieser Sprachen verfügt.

Literatur

Eine ausführliche, kommentierte Bibliographie und weiterführende Literaturhinweise finden Sie auf der KEGLI-Homepage (www.kegli-online.de).

Auer, Peter (1999): From codeswitching via language mixing to fused lects: Toward a dynamic typology of bilingual speech. In: International Journal of Biligualism 3/4, 309-332.
Auer, Peter (2009): Competence in performance: Code-switching und andere Formen bilingualen Sprechens. In: Gogolin/Neumann (Hgg.), 91-110.
Bommes, Michael et al. (2011): Literacy acquisition in schools (LAS) in the context of migration and multilingualism. Final report. Unveröffentlichtes Manuskript.
Boneß, Anja (2011): Orate and literate structures in spoken and written language. A comparison of monolingual and bilingual pupils. Dissertation, Universität Osnabrück. [http://repositorium.uni-osnabrueck.de/handle/urn:nbn: de:gbv:700-2012040210095]
Brizić, Katharina (2013): Grenzenlose Biografien und ihr begrenzter (Bildungs-)Erfolg. Das Thema der sozialen Ungleichheit aus der Perspektive

eines laufenden soziolinguistischen Forschungsprojekts. In: Deppermann, Arnulf (Hg.), Das Deutsch der Migranten. Berlin: de Gruyter, 223-242.

Chafe, Wallace L. (1994): Discourse, consciousness and time: The flow and displacement of conscious experience in speaking and writing. Chicago: Chicago University Press.

Clyne, Michael (2003): Dynamics of language contact. English and immigrant languages. Cambridge: Cambridge University Press.

Cobo-Lewis, Alan B. et al. (2002a): Effects of bilingualism and bilingual education on oral and written skills: A multifactor study of standardized test outcomes. In: Oller/Eilers (Hgg.), 64-97.

Cobo-Lewis, Alan B. et al. (2002b): Effects of bilingualism and bilingual education on oral and written Spanish skills: A multifactor study of standardized test outcomes. In: Oller/Eilers (Hgg.), 98-117.

Dirim, İnci/Auer, Peter (2004): Türkisch sprechen nicht nur die Türken. Über die Unschärfebeziehung zwischen Sprache und Ethnie in Deutschland. Berlin: de Gruyter.

Dudenredaktion (2006²⁴): Duden. Die deutsche Rechtschreibung. Dudenverlag: Mannheim.

Eckhardt, Andrea G. (2008): Sprache als Barriere für den schulischen Erfolg. Potentielle Schwierigkeiten beim Erwerb schulbezogener Sprache für Kinder mit Migrationshintergrund. Münster: Waxmann.

Eisenberg, Peter (2004): Grundriß der deutschen Grammatik: Das Wort. Stuttgart: Metzer.

Feilke, Helmuth (2012): Bildungssprachliche Kompetenzen – fördern und entwicklen. In: Praxis Deutsch 233, 4-13.

Fuhrhop, Nanna (2006²): Orthografie. Heidelberg: Winter.

Gardner-Chloros, Penelope (2009): Code-switching. Cambridge: Cambridge University Press.

Gogolin, Ingrid (2009): Zweisprachigkeit und die Entwicklung bildungssprachlicher Fähigkeiten. In: Gogolin/Neumann (Hgg.), 263-280.

Gogolin, Ingrid/Neumann, Ursula (Hgg.) (2009): Streitfall Zweisprachigkeit – The bilingualism controversy. Wiesbaden: VS Verlag für Sozialwissenschaften.

Grosjean, François (1989): Neurolinguists, beware! The bilingual is not two monolinguals in one person. In: Brain and Language 36, 3-15.

Gumperz, John J. (1982): Discourse strategies. Cambridge: Cambridge University Press.

Hamburger Schreib-Probe. [http://www.hsp-plus.de/hsp/index.html]

Höder, Steffen (2012): Multilingual constructions: A diasystematic approach to common structures. In: Braunmüller, Kurt/Gabriel, Christoph (Hgg.), Multilingual individuals and multilingual societies. Amsterdam: Benjamins, 241-257.

Kaschubat, Swetlana (2004): Code-Switching in der Sprache der russischdeutschen Migranten in Deutschland. Unveröffentlichte Magisterarbeit, Universität Osnabrück.

Klein, Wolfgang (1992³): Zweitspracherwerb. Eine Einführung. Frankfurt am Main: Hain.

Labov, William (1972): Language in the inner city. Studies in the Black English Vernacular. Philadelphia, PA: University of Pennsylvania Press.

Maas, Utz (1992): Grundzüge der deutschen Orthographie. Tübingen: Niemeyer.

Maas, Utz (2008): Sprache und Sprachen in der Migrationsgesellschaft. Göttingen: V&R unipress / Universitätsverlag Osnabrück.

Mehlem, Ulrich (2013): Literate und narrative Textgestaltung in der Zweitsprache zwischen Mündlichkeit und Schriftlichkeit – Grundschüler türkischer Herkunftssprache erzählen einen Stummfilm auf Deutsch. In: Deppermann, Arnulf (Hg.), Das Deutsch der Migranten. Berlin: de Gruyter, 339-367.

Musan, Renate (2010): Informationsstruktur. Heidelberg: Winter.

Musan, Renate (2013^3): Satzgliedanalyse. Heidelberg: Winter.

Muysken, Pieter (2000): Bilingual speech. A typology of code-mixing. Cambridge: Cambridge University Press.

Myers-Scotton, Carol (2002): Contact linguistics: Bilingual encounters and grammatical outcomes. Oxford: Oxford University Press.

Myers-Scotton, Carol (2006): Multiple voices. An introduction to bilingualism. Malden, MA: Blackwell.

Neumann, Ursula (2009): Der Beitrag bilingualer Schulmodelle zur Curriculuminnovation. In: Gogolin/Neumann (Hgg.), 317-331.

Oller, D. Kimbrough/Eilers, Rebecca E. (Hgg.) (2002): Language and literacy in bilingual children. Clevedon: Multilingual Matters.

Peterson, John (im Druck): Multilingualism, multilectalism and register variation in linguistic theory. Extending the diasystematic approach. In: Fleischhauer, Jens/Latrouite, Anja/Osswald, Rainer (Hgg.), Exploring the syntaxsemantics interface. Düsseldorf: Düsseldorf University Press.

Peterson, John/Röber, Christa (in Vorbereitung): Codeswitching im Unterricht?! Wie Codeswitching helfen kann, schriftsprachliche Fähigkeiten (nicht nur) bei jugendlichen mit Deutsch als Zweitsprache zu verbessern.

Riehl, Claudia Maria (2004): Sprachkontaktforschung. Eine Einführung. Tübingen: Narr.

Röber, Christa (2009): Die Leistungen der Kinder beim Lesen- und Schreibenlernen. Grundlage der Silbenanalytischen Methode. Baltmannsweiler: Schneider.

Röber, Christa (2013a): Lieder für den Ausbau des sprachlichen Wissens in mehrsprachigen Klassen als Potential für das Schreiben und das Sprechen literater Strukturen des Deutschen. In: Gawlitzek, Ira/KümmerlingMeibauer, Bettina (Hgg.), Mehrsprachigkeit und Kinderliteratur. Stuttgart: Klett, 263-288.

Röber, Christa (2013b): Schriftspracherwerb. In: Rothstein, Björn/Müller, Claudia (Hgg.), Kernbegriffe der Sprachdidaktik Deutsch. Ein Handbuch. Hohengehren: Schneider, 368-374.

Röber-Siekmeyer, Christa (1999): Ein anderer Weg zur Groß- und Kleinschreibung. Leipzig: Klett-Grundschulverlag.

Rothe, Astrid (2012): Genus und Mehrsprachigkeit. Zu Code-Switching und Entlehnung in der Nominalphrase. Heidelberg: Winter

Schmid, Monika S. (2011): Language attrition. Cambridge: Cambridge University Press.

Siegel, Jeff (2003): Social context. In: Doughty, Catherine J. /Long, Michael H. (Hgg.), The handbook of second language acquisition. Malden MA: Blackwell, 178-223.

Siekmeyer, Anne (2013): Sprachlicher Ausbau in gesprochenen und geschriebenen Texten. Zum Gebrauch komplexer Nominalphrasen als Merkmale literater Strukturen bei Jugendlichen mit Deutsch als Erst- und Zweitsprache in verschiedenen Schulformen. Dissertation, Universität des Saarlandes. [http://scidok.sulb.unisaarland.de/volltexte/2013/5586/pdf/Diss_Siekmeyer _Phil.pdf]

Wiese, Heike (2012): Kiezdeutsch. Ein neuer Dialekt entsteht. München: Beck.

Wikipedia: „Heritage language".
[http://en.wikipedia.org/wiki/Heritage_language]
Wöllstein, Angelika (2014²): Topologisches Satzmodell. Heidelberg: Winter.
Wrobel, Arne (2010): Raffael ohne Hände? Mediale Bedingungen und Faktoren des Schreibens und Schreibenlernens. In: Pohl, Thorsten/Steinhoff, Torsten (Hgg.), Textformen als Lernformen. In: Kölner Beiträge zur Sprachdidaktik, Reihe A, 7, 27-45.

Glossar

Attrition: Sprachverlust bei gesunden Individuen
bilingual: zweisprachig
Codeswitching: Verwendung von Elementen aus zwei oder mehr Sprachen in einem Satz oder Gespräch
DaF: Deutsch als Fremdsprache
DaZ: Deutsch als Zweitsprache
Einfügen: Eine Codeswitching-Art, bei der Elemente aus der eingebetteten Sprache in die Matrixsprache eingefügt werden (englisch: *insertion*)
eingebettete Sprache: die Sprache, aus der Elemente in die Matrixsprache eingefügt werden
Entlehnung: Elemente, die aus einer anderen Sprache stammen, die aber auch von (den meisten) Einsprachigen verstanden werden
Erstsprache: die zuerst gelernte Sprache
Ethnolekt: Varietät einer Sprache, die als typisch für eine bestimmte Volksgruppe (Ethnie) angesehen wird
Fossilierung: Terminus für das Nichtweiterentwickeln individueller Sprachkenntnisse einer Zweitsprache
Gesteuerter Spracherwerb: Spracherwerb, der (hauptsächlich) durch organisierten Unterricht stattfindet
Hypothese der kritischen Periode: Hypothese, nach der ein Mensch ab einem bestimmten Alter eine neue Sprache nicht mehr akzent- und fehlerfrei lernen kann

Kiezdeutsch: eine Variante des Deutschen, die in vielen deutschen Großstädten vorkommt und die von der Gesellschaft meist als „typisch türkisch" angesehen wird. Oft – aber nicht ausschließlich – von Jugendlichen und jungen Erwachsenen mit Migrationshintergrund gesprochen
L1: Erstsprache
L2: Zweitsprache
literat: Strukturen, die auf sprachliche Handlungen mit einem generalisierten Anderen abgestellt sind
Matrixsprache: die Hauptsprache eines Satzes beim Codeswitching, die den grammatischen Rahmen vorgibt
monolingual: einsprachig
orat: Strukturen, die auf sprachliche Handlungen mit einem konkreten, wahrnehmbaren Gegenüber abgestellt sind
Register: die gesellschaftlich sanktionierte Entsprechung zwischen einem Situationstyp und einer bestimmten sprachlichen Form
Sollbruchstelle: Stelle im Satz, an der relativ problemlos von einer Sprache in eine andere gewechselt werden kann
sozioökonomischer Status: Status in Bezug auf verschiedene soziologische und wirtschaftliche Eigenschaften wie Familieneinkommen, Bildungsgrad usw.
ungesteuerter Spracherwerb: Spracherwerb, der nicht durch organisierten Unterricht, sondern eher zufällig und durch Praxis stattfindet
Zweitsprache: die Sprache, die als zweite Sprache gelernt wurde

Sachregister